El Poder de la
ACEPTACIÓN

2ª edición: mayo 2022

Título original: AMOUR, AMOUR, AMOUR - LA PUISSANCE DE L'ACCEPTATION
Traducido del francés por José López Falcón
Diseño de portada: Editorial Sirio, S.A.
Maquetación de interior: Toñi F. Castellón

© de la edición original
2007, Lise Bourbeau

© de la presente edición
EDITORIAL SIRIO, S.A.
C/ Rosa de los Vientos, 64
Pol. Ind. El Viso
29006-Málaga
España

www.editorialsirio.com
sirio@editorialsirio.com

I.S.B.N.: 978-84-18000-92-8
Depósito Legal: MA-1187-2020

Impreso en Imagraf Impresores, S. A.
c/ Nabucco, 14 D - Pol. Alameda
29006 - Málaga

Impreso en España

Puedes seguirnos en Facebook, Twitter, YouTube e Instagram.

 El papel utilizado para la impresión de este libro está **libre de cloro** elemental (ECF) y su procedencia está certificada por una entidad independiente, no gubernamental, que promueve la sostenibilidad de los bosques. 

LISE BOURBEAU

autora de
La sanación de las 5 heridas

El Poder de la
ACEPTACIÓN

Reconciliarse con el otro, perdonarse a uno mismo

EDITORIAL SIRIO

ÍNDICE

AGRADECIMIENTOS

Este es ya mi decimoctavo libro, y sigo sintiendo el mismo reconocimiento hacia todos los que me ayudan a escribirlos.

Sea reconocimiento o re-conocimiento, hace que piense que el conocimiento es el fruto del trabajo de muchas personas. Escribir un libro es también el resultado del conocimiento de un grupo de individuos.

¿Qué parte viene de mí y qué otra viene de los demás? Me resulta imposible establecer un límite.

En primer lugar, quiero dar las GRACIAS a todos los que, con su historia y su participación en los talleres, han hecho posible que éste libro vea la luz. Me siento particularmente privilegiada por hacer un trabajo tan enriquecedor, gracias a la ayuda de todos los que quieren mejorar su calidad de vida.

Tengo también la suerte de estar rodeada de gente que me apoya de todo corazón: Jacques —mi marido—, mi familia, mis amigos y el equipo de Escucha a tu Cuerpo. Les tengo especial aprecio a los comentarios constructivos de los que leyeron el primer borrador de esta obra, pues me ayudaron a mejorar.

Gracias a las correctoras, Claude Vienne y Julie Labelle, por haber hecho tan buen trabajo. Para terminar, no tengo palabras para reconocer en su justo valor la ayuda constante de Jean-Pierre Gagnon, director de Ediciones ETC, y la creatividad de Monica Shields, autora de la portada y maquetadora.[*]

---

[*] La autora se refiere a la edición original.

INTRODUCCIÓN

Desde hace veinticinco años enseño amor incondicional. Suelo citar la palabra *aceptación* durante los talleres y las conferencias que doy. Este término aparece en numerosas ocasiones en los libros y los diversos artículos que escribo. A pesar de eso, me siguen preguntando:

- ➤ «¿Estás segura de que TODO puede ser aceptado?».
- ➤ «¿Por qué olvido todo lo que he aprendido sobre la aceptación en cuanto algo no va como quiero?».
- ➤ «No consigo entender tu método, tengo continuamente la impresión de que me van a engañar si lo hago así».
- ➤ «Me cuesta mucho diferenciar si realmente he aceptado una situación o si me he resignado».
- ➤ «No consigo creer que una situación desagradable vaya a transformarse solo aceptándola. Me parece demasiado milagroso y, sobre todo, demasiado simple».

No me sorprendo cuando escucho las dificultades por las que pasan los clientes de Escucha a tu Cuerpo. Me he dado cuenta de que, tanto en mi vida personal como en la profesional, esta noción de aceptación, que permite llegar al amor incondicional, es simple, pero no resulta ni mucho menos fácil de aplicar. Incluso yo misma y el equipo de Escucha a tu Cuerpo, que llevamos años enseñando el método, olvidamos a veces el remedio milagroso que puede transformarlo todo. Afortunadamente nos hablamos a menudo, lo que ayuda a que nos reconduzcamos rápidamente por el camino del amor.

En todos los países en los que enseño me llegan este tipo de preguntas y comentarios. En efecto, poco importa la raza, la cultura, el sexo, la edad, la profesión o la religión de una persona: todo el mundo aspira al amor incondicional. Es una llamada de nuestra alma, que es desgraciada porque nos dirige nuestro ego, no nuestro corazón. En la actualidad, escuchamos ese grito cada vez más intensamente. Vivimos una época de transformación interna. Soy feliz cuando constato que todos aquellos con los que me encuentro aspiran realmente a una mejor calidad de vida interior. Saben por intuición que cuando lo de dentro cambia, el exterior se transforma.

Por esto decidí escribir un libro sobre la aceptación en todo el sentido de la palabra y en toda clase de situaciones, sobre todo en esas que son desagradables y no deseadas. Espero de corazón que lo que sigue pueda ayudarte a asimilar mejor el concepto de amor verdadero.

He elegido para explicar todos estos conceptos la historia de una familia que vive diversos problemas de aceptación. Espero que así la lectura te resulte más fácil e interesante. La historia y los nombres de los miembros de esta familia son ficticios, pero están basados en los miles de testimonios que he tenido la ocasión de escuchar en mi consulta a lo largo de estos veinticinco años.

Si cuando leas los diferentes consejos que te doy (por ejemplo, para hacer las paces con alguien, para aceptar a los otros, para aceptarte) te surgen pensamientos como...

➤ «Nunca conseguiremos llegar a un acuerdo».
➤ «Estoy segura de que el otro jamás querrá aceptar esto».
➤ «Solo es un libro, la realidad es muy diferente».

... debes saber que es una manifestación más de la resistencia que ejerce tu ego. Todo lo que sugiero se puede poner en práctica: basta con decidirse a experimentarlo. La buena noticia es que **mientras más practiquemos, más fácil y rápido será.**

Me voy a permitir la licencia de tutearte, lector: eso te ayudará a sentir tus emociones más rápidamente, sobre todo si te reconoces en alguno de los diferentes ejemplos que utilizo.

¡Buena lectura!

LISE BOURBEAU

Capítulo 1

LA CONSULTA

*M*i secretaria me anuncia que la cliente que me tocaba ver en mi consulta privada hoy ya ha llegado.

—Buenos días, Anna.

—Buenos días, señora Bourbeau. Estoy muy contenta de conocerla en persona. He leído todos sus libros y he participado en varios de sus talleres. Me siento muy feliz por ser una de las tres personas que va a llevar en privado durante los próximos tres meses. Me han dicho que es para su investigación, ¿verdad? ¡Qué privilegio tener esta oportunidad! ¡Sobre todo sin tener que pagar nada! Por suerte conozco su trabajo, porque si no habría desconfiado de este ofrecimiento —me dice riendo.

—En efecto, me quedaré en Quebec durante algunos meses. Quiero trabajar en privado con tres personas diferentes en tres temas distintos. Tras publicar esta oferta en nuestra web recibimos numerosas peticiones. Reunimos las que tenían que ver con el amor verdadero, uno de los tres temas sobre los que voy a investigar, y salió al azar su nombre. Antes de continuar, me gustaría que nos tuteásemos durante el tiempo que nos estemos viendo, ¿te parece bien?

—De acuerdo. Incluso será más fácil. Me gusta que uses el tuteo en tus libros y en tus talleres. Hasta ahora he asistido a tres talleres y hay cosas que han mejorado en mi vida; pero debo admitir que encuentro muy difícil de entender el concepto de amor incondicional.

—Bien, veamos. Te escucho. Háblame un poco de ti y dime cuáles son las dificultades con las que te has encontrado.

—Tengo treinta y ocho años y llevo catorce casada con Mario, que tiene cincuenta y dos. Por lo tanto, catorce más que yo. Cuando lo conocí, en 1991, estaba casado y vivía todavía con su mujer, Rita, y su hijo, David, que tenía catorce. Como te habrás dado cuenta, el catorce está muy presente en nuestra vida. Comienzo a preguntarme si es un número gafe para nosotros... —comenta pensativa—. Espero no volverme supersticiosa. Vuelvo a mi historia...

»Lo mío con Mario fue un flechazo. Me prometió que dejaría a su mujer por mí; finalmente, en realidad la dejó porque me quedé embarazada. Nuestra hija, Sandra, tiene por lo tanto catorce años ahora. ¡De nuevo el catorce! Me he dado cuenta de esta coincidencia cuando supe que vendría hoy aquí y me preparaba para contarte mi historia. A Mario le impactó mucho conocer que me había quedado encinta. Él sabía que yo tomaba la píldora, por lo que dedujo que formaba parte del uno por ciento de las mujeres a las que les falla este anticonceptivo. Le dije que debíamos de estar destinados a tener un bebé juntos; lo que no le dije es que había olvidado adrede tomarme la píldora durante varios días en el momento de la ovulación... Fue un alivio no tener que contarle la verdad cuando vi su reacción. Nunca habíamos hablado de tener niños, nos conocíamos desde hacía muy poco.

»Sé que tendría que habérselo consultado, pero lo amaba tanto y tenía tanto miedo de que no se separase nunca de su mujer... Se sentía muy culpable cuando pensaba en el divorcio, por tener un hijo aún adolescente. Vivimos una gran pasión e inventar toda clase de excusas para vernos más a menudo le resultaba cada vez más difícil. Además, estaba harta de quedarme sola los fines de semana.

»Dejó a su mujer al principio de 1992 y nos casamos en Las Vegas en total intimidad, dos meses después del nacimiento de Sandra. Apenas pasó un mes entre el divorcio y nuestra boda. Varias personas me dijeron que meterse tan rápido en una segunda relación no era sano para una pareja y que deberíamos haber esperado. Tenían razón, creo, porque estamos pasando ahora por momentos muy difíciles.

—¿Después de vuestra boda le has contado a tu marido que habías planeado tu embarazo?

—No, nunca he tenido el valor de decírselo. No sabes cuántas veces he querido hacerlo, pero en el último instante he sentido miedo y lo he dejado para otro momento, he encontrado siempre razones para callármelo. Soy una cobarde, ¿verdad?

—No se trata hoy de juzgar tu comportamiento. Cada vez que te planteo una pregunta es para ayudarte a que te descubras. Presta atención a las palabras que utilizas cuando me hablas, son reveladoras. ¿Cuáles son esas grandes dificultades por las que estáis pasando en estos momentos?

—Ya no confío en él, porque sospecho que tiene una relación con otra mujer. Intento no obsesionarme, pero no lo consigo, sobre todo en este asunto. Me paso el tiempo espiándolo, intentando pasar desapercibida. No te imaginas lo que me estresa la situación. Cada vez llega más cansado a casa. Se queda dormido en el sillón y apenas nos habla, ni a Sandra ni a mí. Me dice que siente comportarse así, que no sabe lo que le sucede, que es temporal, que no me desespere, que sea paciente... Hacemos el amor, pero esporádicamente. Ya no es como antes...

»Su hijo, David, que tiene ahora veinticinco años, se casó y tiene un niño de cuatro. Mario ya ni siquiera piensa en su nieto. Soy yo la que lo arrastra siempre para que los visitemos. Cuando le sugiero que vayamos a consultar a un especialista, a ver si el problema es que tiene una depresión, me responde que no quiere oír hablar de médicos.

—¿Desde cuándo tienes sospechas?

—No lo sé exactamente. Al menos hace dos años, el tiempo que hace que lo vigilo; pero creo que ha debido de empezar mucho antes, salvo que yo no quería verlo. Al saber que venía a verte, he estado un rato reflexionando sobre lo que estamos viviendo. Me he dado cuenta de que nunca le he hablado de mis dudas porque tengo demasiado miedo de lo que podría ocurrir. Digamos que prefiero no saber antes que conocer algo que no me gustaría. Me hace mucho bien hablar de esto ahora.

—Volveremos a lo que vives dentro de un rato. Antes, tengo algunas preguntas más que hacerte. ¿Mario también está trabajando en su crecimiento personal?

—Leyó tu primer libro hace algunos años y asistió a un taller de Escucha a tu Cuerpo. En realidad, fue nuestra nuera, Michelle, quien nos puso al corriente de tu trabajo. Ella te descubrió a los dieciocho. Estaba tan emocionada que nos regaló tu primer libro y nos aconsejó con insistencia que nos apuntáramos a uno de tus talleres. Después, Mario perdió el interés. Yo misma me prometí que asistiría a otros talleres, pero, como no me organizo muy bien, lo dejo todo para más adelante...

»También tenemos dificultades con nuestra hija. Se maquilla de forma tan provocativa que parece que tenga dieciocho. Me preocupa mucho que llegue tan tarde. Lo que me dice es que soy una antigua. ¡Si solo tengo treinta y ocho años! Me siento todavía muy joven, pero ella me considera una vieja. Nunca quiere contarme lo que hace con sus amigas. Recibía tantas llamadas en el fijo de casa que tuvimos que comprarle un móvil. Nos prometió que pagaría sus facturas de teléfono al final de cada mes, pero no lo ha cumplido. Mario me dice que se lo confisque, pero es a mí a quien castigaría con tal actitud, pues tendría que responder a todas las llamadas que ella recibe, sin contar que la línea estaría siempre ocupada.

»Hay algo más. Mario me repite constantemente: «Haz esto, haz aquello con TU hija». Nunca quiere implicarse. Me dice que soy yo quien tiene que tomar todas las decisiones, pero, cuando alguna no funciona, se desmarca diciendo que no es culpa suya, que no sé llevarla.

—Me has hablado de varios problemas hasta ahora. Volvamos al primer asunto que mencionaste, el de tu miedo a que Mario te engañe. Siempre trabajaremos los asuntos de uno en uno, ¿de acuerdo? Volveremos a los otros a lo largo de las visitas posteriores.

Anna inspira profundamente y espira despacio. De repente, algunas lágrimas aparecen en sus ojos. Me mira durante unos momentos y después su mirada se torna cada vez más triste. No digo nada. Le ofrezco un pañuelo y un vaso de agua. Al cabo de un rato responde:

—Me doy cuenta de que mi mayor miedo es perder a Mario. No hay nada que desee más que pasar el resto de mi vida con él.

—¿Cómo te sientes? Cierra los ojos y deja que salga lo que te venga cuando piensas en perderlo.

—Me siento muy triste. Tengo mucho miedo. Es como si tuviera una gran bola dura en mi vientre. Siento también mucha rabia. Sé que hace mucho que la llevo reprimiendo. Tengo miedo de perder el control y que salga, y que eso provoque que Mario me abandone. Me da pánico solo pensar en quedarme sola. Creo incluso que nuestra hija elegiría vivir con su padre: con él hace más lo que le da la gana. Para mí, ese abandono significaría que habría echado a perder mi vida. No sé si podría recuperarme.

—Entonces, por resumir, lo que te preocupa más en este momento es la actitud de Mario, cómo se comporta contigo y con los otros miembros de la familia, y la posibilidad de que te esté mintiendo. Sin embargo, el verdadero problema es el gran miedo que tienes a perder el amor de tu marido y de tu hija y encontrarte sola. ¿Es eso?

—Sí, es eso. Antes de expresarlo ahora no me había dado cuenta del miedo que tengo al abandono. Seguí tu curso sobre las cinco heridas del alma. Me analicé y vi muy pocas características de la herida de abandono en mi cuerpo, cuando creía que era seguro que la tenía. Creo que mi herida de traición es mucho más evidente. Supongo que tendré que ocuparme de las dos, ¿verdad?

—A su debido tiempo veremos cómo se relaciona todo esto con tus heridas. Me quedan algunas preguntas: ¿qué quieres en tu vida?, ¿qué tipo de ayuda esperas recibir de mí?

—Muy sencillo: quiero seguir con mi marido y que nuestra familia esté más unida, no cada vez más separada. Quiero saber qué puedo hacer para alcanzar este objetivo.

—Nadie puede garantizarte que vayas a retener a tu marido porque eso depende de él. Ya sabes, no puedes obligar ni a tu marido ni a tu hija a seguir contigo. ¿Quieres saber por qué atraes este tipo de situaciones? ¿Estás dispuesta a cargar con la responsabilidad de lo que te suceda? Te pregunto esto porque, incluso si es eso lo que esperas de mí, me es imposible decirte que eres desgraciada por la falta de tu marido o de tu hija. Tampoco estoy diciéndote que sea culpa tuya. En realidad, nadie tiene la culpa, solo sois gente que sufre y que no sabe gestionar ciertas situaciones. Eso sí, puedo ayudarte a encontrar la causa de lo que te está sucediendo y sugerirte lo que puedes usar para aceptar lo que se presente en tu vida, sea algo que desees o que no.

—Sin duda deseo conocer las causas de mis problemas, pero de ahí a aceptar que mi marido elija dejarme... ¿Crees en serio que una mujer que ama a su marido puede llegar a aceptar algo así?

—¿Sabes? Tu reacción es la que tendría cualquier ser humano. Nunca he dicho que ese tipo de situaciones sean fáciles de vivir. De lo que estoy convencida es de que puedes encontrar en ti el amor necesario para aceptar cualquier situación indeseable. Ser capaz de hacerles frente a todas las eventualidades es dar prueba de sabiduría, es dejar ir. ¿Te has dado cuenta de que ese tipo de control no cambia nada, de que no te aporta paz interior? Solo puedes alcanzar esa paz aplicando la definición de amor verdadero. Entonces, ¿estás de acuerdo en que hablemos de eso?

—Sí, por supuesto, estoy dispuestísima. Hace ya mucho que no aguanto esta situación y estoy abierta a otra cosa. Espero que podamos encontrar una solución para que todo vaya a mejor en nuestra pareja.

—Para que trabajemos mejor juntas, me gustaría que te acompañara Mario el próximo día que vengas. Si le gusta, podrá volver cuando sea necesario que estéis los dos presentes. En nuestro próximo encuentro repasaremos qué es el amor verdadero, para que podáis encontrar lo que convenga mejor a vuestra vida de pareja y de familia.

»De aquí a la próxima visita, ¿crees que podrás encontrar el valor para contarle a Mario lo que has compartido hoy aquí conmigo, que piensas que tiene una relación con otra mujer y que sientes miedo de que te deje? ¿Crees que también podrías contarle que te quedaste embarazada queriendo? Además, te recomiendo que hables con tu madre y que compruebes si ella tenía los mismos miedos que tú, es decir, miedo a no ser querida y a ser abandonada por tu padre o por sus hijos.

—Me pides mucho, no sé si voy a ser capaz.

—Haz lo que puedas. Prefiero sugerir lo que puedes hacer cada vez que nos veamos. Solo actuando de modo diferente podemos transformar las situaciones indeseables. Pero lo más importante es que pases la primera etapa, que es reconocer que, por el momento, no estás actuando quizá como querrías, pero que es la única manera que conoces de enfrentarte a la situación. ¿Recuerdas, en el taller sobre las heridas, cuántas veces escuchaste decir que es normal y humano que uno reaccione cuando sufre? Todo lo que no marcha como quieres en tu pareja y con tu hija viene de las reacciones causadas por las heridas y por las reacciones de los que te rodean. Debes por lo tanto darte permiso —los demás también— para ser humana y aceptar tus límites y tus heridas no curadas aún.

RECUERDA...

♡ Es importante no hablar solo de la situación vivida, sino encontrar el verdadero problema, preguntando a la persona en cuestión cómo se siente en esa situación. Además, ella tiene que saber lo que quiere con respecto a ese problema.

♡ Es preferible gestionar los problemas de uno en uno.

♡ Querer que todo pase como queremos que pase es querer tener el control. En tanto no dejemos ir, nada va a cambiar.

♡ Nadie es culpable: lo único que ocurre es que hay personas que sufren y que no saben cómo gestionar esa situación.

♡ Solo se puede comenzar a transformar una situación indeseable si nos planteamos actuar de modo diferente.

♡ La etapa más importante es la aceptación del momento. Es admitir que, cuando una persona sufre, es porque una de sus heridas se ha activado. Debemos aceptar que somos humanos con heridas que no hemos curado aún.

Capítulo 2

LAS DIFERENTES CARAS DEL AMOR

Una semana más tarde, me veo con Mario y Anna. Esta última está más sonriente de lo que me esperaba. Anna parece muy contenta de que su marido haya aceptado venir.

—Buenos días, Lise —me dice Mario—. Encantado de conocerte. Anna me contó lo de su visita y el proceso que ha decidido emprender; pero solo me ha contado por encima lo que ocurrió aquí. Admito que me ha picado la curiosidad. He visto en ella desde hace una semana una diferencia: está mucho más tranquila. He aceptado venir hoy, pero no sé si me interesa...

—Gracias por venir, Mario. Por lo que respecta al futuro, solo tú decidirás si el camino te conviene o no. Vayamos día a día, ¿de acuerdo?

Me da la impresión de que Mario está aquí solo para complacer a Anna y, después, por curiosidad. Está en guardia. Es una suerte que conozca ya mi trabajo, si no desconfiaría mucho más. Ya es una gran victoria para la pareja que hayan podido venir juntos a una reunión de este tipo. La mirada de Mario y el gesto afirmativo que hace con la cabeza me dan información: está feliz, porque no estoy intentando convencerlo de que siga el ejemplo de Anna; él decidirá por sí mismo. Continúo entonces.

—Cuando una pareja pasa por dificultades, es preferible que los dos estén presentes, así puedo escuchar la versión de cada uno. Esto permite dejar claros los hechos. ¿Estás de acuerdo, Mario, con que vuestra pareja y vuestra vida en familia necesita mejorar?

—Sí, debo admitir que Anna tiene razón. Pero no me explico cómo hemos llegado hasta aquí, se ha ido gestando solo sin darme cuenta. Nuestra vida se fue transformando de un modo tan sutil que no lo vi venir. Pero no creo que encuentre la situación tan complicada como Anna, ella siempre se ha mostrado más preocupada que yo —dice con una sonrisa encantadora y guiñándole un ojo a su mujer—. Me parece que es normal que, después de catorce años de vida en común, no estemos como al principio. Hay una gran diferencia entre la vida que yo llevaba con mi primera esposa y la que vivo con Anna. A Rita no podía soportarla y me las arreglaba para irme en cuanto podía de casa. Pero no estoy en contra de mejorar la situación, si es posible.

—Eso es genial. Estoy contenta de que estés de acuerdo con que hay margen de mejora; de otro modo sería muy difícil encontrar soluciones juntos. Voy a comenzar por revisar con vosotros el concepto de amor verdadero. Es el primer objetivo de esta visita. ¿Estáis de acuerdo?

Los dos me responden sí al mismo tiempo. Mario añade:

—Hace como cinco años seguí un taller de Escucha a tu Cuerpo, así que hacer memoria no me vendrá mal.

—La palabra *amor* es seguramente una de las más utilizadas en el mundo. Se usa de tantas maneras que es difícil conocer su verdadero significado. Por eso la mayoría de la gente confunde numerosas actitudes y comportamientos con el amor verdadero. Miremos juntos los comportamientos y la forma de vivir que más habitualmente se asocian con el amor.

»Comencemos por el CARIÑO. Suele creerse que alguien muy cariñoso está lleno de amor. ¿Cuántas personas muestran abiertamente cariño por sus familiares, pero están todo el tiempo autocriticándose y menospreciándose? Una persona cariñosa, para demostrar a los demás hasta qué punto le importan, puede utilizar estrategias como hacer un regalo, decir algún piropo, regalar flores, tocar efusivamente, tomar en brazos... Algunas señales de cariño pueden ser apreciadas por aquellos que las reciben, pero no quieren necesariamente decir que quien las da lo hace por amor verdadero. Si la persona que da esas señales de cariño tiene la más mínima expectativa, no es que esté regalando amor, sino que está a la espera de recibir del otro.

»Podemos colocar en esta categoría a la gente más expresiva. Muchos creen que ser expresivo es un signo de amor, cuando en realidad no tiene nada que ver con el amor verdadero; es simplemente un rasgo de carácter diferente. Una persona puede que jamás diga «te amo» a los demás y esté a pesar de eso llena de amor. Es simplemente incapaz de expresar lo que vive. Sin embargo, esta misma persona va a exteriorizar su amor de muchas otras maneras. Se trata solamente de saber reconocerlas. Veremos después qué es el amor verdadero.

»Se puede mostrar PIEDAD con el prójimo —con el discapacitado, por ejemplo—. Los testigos de esta piedad pueden creer que esa persona está dando testimonio de amor, que muestra una sensibilidad a los sufrimientos o a las desgracias del otro. En general, la piedad hace no solo sufrir a la persona que la manifiesta, sino también a la que la recibe. A menudo inconscientemente, aquel por el que se tiene piedad percibe que el otro se siente superior. Da la impresión de ser alguien que no puede salir solo adelante y que por lo tanto se siente inferior.

»Otra persona puede hacer un gran SACRIFICIO por alguien y creer que así está demostrando su amor. Puede que este sacrificio esté motivado por el amor verdadero, pero hay numerosas ocasiones en las que no ocurre eso. A muchos de los más abnegados los mueve el deber, la culpabilidad o el miedo. Se sacrifican por otra persona o por una causa importante —en su opinión—; pero el verbo *sacrificarse* significa 'cumplir la voluntad de otro'. Por eso el sacrificio implica a menudo que la persona se olvide completamente de sus propias necesidades para cubrir las del otro. Tal comportamiento lo único que puede crear son muchas expectativas de reconocimiento, y si estas no son colmadas, las emociones y las frustraciones aparecen.

»También está el AMOR PASIONAL, que casi siempre se confunde con un gran amor. Se emplea frecuentemente la expresión *loco de amor* para ilustrarlo. Este fue el caso de vosotros, ¿verdad?, al principio de vuestra relación. La expresión lo dice por sí sola: la persona apasionada deja de tener la razón como referencia. El amor pasional solo se siente bien en presencia del ser amado. No puede aceptar que el otro sea feliz en su ausencia, sobre todo si ese otro muestra interés por hacer cosas solo, sin la compañía de su pareja. Vive solo por el momento en que el otro estará a su lado o, a falta de eso, por escuchar su voz. Idealiza al otro atribuyéndole solo cualidades que le convienen. No ve la realidad, es decir, sus fallos, sus defectos... Este tipo de amor ha destruido muchas parejas, ha generado muchos problemas en el trabajo y ha traído la ruina a muchas personas, porque la gente apasionada toma a menudo decisiones irreflexivas, solo por estar el mayor tiempo posible con el objeto de su pasión. Esto no es amor verdadero tampoco.

»No quiero decir que amor pasional y amor verdadero no vayan nunca de la mano; en realidad, es muy frecuente que una relación amorosa sea apasionada al principio. Lo que ocurre es que, poco a poco, esa pasión se detiene para dejar sitio al verdadero amor. La gente que cree que el amor pasional es el verdadero amor suele dejar a su pareja en el momento en el que la pasión se apaga para buscar otra pasión. Los que quieren vivir un amor verdadero van a darse cuenta intuitivamente de que en el momento en el que se acaba el amor pasional es cuando comienza el amor verdadero.

»Otra creencia errónea es que hacer el amor con alguien es una señal de amor verdadero. ¿Vosotros sois de esta opinión?

Mario tiene prisa por tomar la palabra:

—Todos sabemos que podemos hacer el amor sin estar enamorados.

—Me respondes como representante del sexo masculino, lógicamente —le digo sonriendo—. Es verdad que la mayoría de los hombres pueden hacer el amor sin estar enamorados. Te sorprendería saber el número de mujeres y de hombres que continúan pensando que el ACTO SEXUAL es una prueba de amor. ¡Cuántas niñas, por ejemplo, se enamoran locamente del chico que han escogido para hacer el amor por primera vez! Esta creencia se perpetúa en las mujeres adultas, quienes, tras su separación, se creen que están enamoradas del primero con el que aceptan hacer el amor.

»Los hombres dicen que es posible hacer el amor sin estar enamorado, pero ¿cuántas veces los he escuchado contar que sus parejas, que dicen amarlos, se niegan a hacer el amor tan a menudo como necesitan? Están convencidos de que dos personas que se aman deberían tener siempre ganas de hacer el amor juntas. Ya ves, los hombres y las mujeres tienen la misma creencia, pero no es expresada de la misma manera: la mujer hace el amor por amor y el hombre hace el amor para el amor. En realidad, el sexo no tiene nada que ver con el amor verdadero. Sin embargo, hacer el amor cuando hay amor entre dos personas es una experiencia de fusión y de placer extraordinaria. Es mucho más habitual que este acto se haga por muchas causas: por deber, por miedo a perder al otro, por miedo a desagradar, por necesidad de atención, por manipulación o por miedo a la reacción o a la violencia del otro, simplemente por tener una sensación física de placer o de poder...

»Otra actitud frecuente que se confunde con el amor verdadero es QUERER LA FELICIDAD de los que amamos A CUALQUIER PRECIO. Estoy segura de que os reconocéis en esta definición, pues la mayoría de la gente confunde esto con el amor verdadero. No quiero decir con esto que debamos permanecer indiferentes frente a los seres queridos y que su felicidad o infelicidad deba importarnos poco. Hablo sobre todo de las personas que no son felices cuando uno de sus familiares no lo es. Este fenómeno es muy frecuente entre padres e hijos, y entre cónyuges. Una persona puede sentir compasión y ofrecer ayuda a alguien que sufre, pero si sufre con él y eso afecta a su propia felicidad, no es por amor por lo que actúa, sino a causa de su actitud posesiva y por el miedo a perder el amor del otro.

Anna me mira fijamente. Parece que le cuesta aceptar lo que acabo de decir.

—Hasta aquí estaba totalmente de acuerdo con todo lo que has dicho —interviene—, pero creo que es imposible estar bien cuando uno ve que la persona a la que ama no es feliz. ¿Conoces a mucha gente que lo consiga?

—Para llegar a eso, tenemos en primer lugar que ser conscientes y después reconocer que nadie en el mundo puede hacer feliz a nadie, que la felicidad no puede venir más que del interior de uno mismo. La reacción que has tenido ahora se debe a que pasas de un extremo al otro. ¿Crees sinceramente que, si una persona es feliz, a pesar de que su pareja no lo sea, es porque se está mostrando indiferente?

—¡Por supuesto! ¿Qué va a ser si no la INDIFERENCIA?

—Es observación y responsabilidad. Te recuerdo que ser responsable es asumir las consecuencias de nuestras decisiones y dejar a los demás asumir las consecuencias de las suyas. Si tu pareja, uno de tus padres o uno de tus hijos decide no ser feliz, debe asumir las consecuencias. Si tú no eres feliz con esa decisión, estás asumiendo las consecuencias de la elección del otro. Sé que esta noción de responsabilidad es difícil de asumir para la mayoría. Volveremos sobre ella varias veces más adelante. Al ser cada vez más responsable, descubrirás que hay un justo medio entre *considerarse responsable de la felicidad del otro* y *mostrarse indiferente*.

»Como decía, una persona muy posesiva está convencida de que así expresa su amor por el otro. ¿Cómo reconocer tal comportamiento cuando se presenta en tu pareja, tu padre o tu hijo? Esta persona quiere saber siempre lo que hace el ser amado, lo que piensa, dónde está. En resumen, saberlo todo del otro, controlarlo constantemente. Está dispuesta a utilizar todos los medios para atraer la atención y la presencia del otro: amenazarlo, forzarlo, quejarse, bromear, ponerse enfermo, tener un accidente, mostrarse débil, hacer piruetas, hacerle mimos, acariciarlo, espiarlo, rebuscar en sus cosas, etc.

»Sea cual sea el medio utilizado, esta persona está convencida de que ama hasta tal punto que llega a creer que quiere ayudar al otro, que todo está permitido en el nombre del amor. Por otro lado, dirá a menudo: «Actúo así porque te amo», «Ah, si no te amara tanto... Eres tú quien me fuerza a comportarme de esta manera». Acusa de este modo al otro de su desgracia, pues su felicidad depende de él.

Al decir estas palabras, veo que Anna se pone colorada. Baja la cabeza y, cada vez más incómoda, se inclina para buscar algo en su bolso, que está en el suelo. Saca un pañuelo y pone cara de estar sonándose. Mario parece no darse cuenta de su malestar y sigue escuchando atentamente lo que estoy diciendo.

—Finalmente está el AMOR VERDADERO, el incondicional, que puede ser expresado de una manera general con todos. Sea cual sea el amor en sí, el amor al padre, a la madre, a los hermanos, a uno mismo o a los amigos, el amor incondicional se expresa de la misma forma. Estos son algunos modos de reconocerlo:

EL AMOR A UNO MISMO

- Darme el derecho a ser lo que soy en cada momento, aunque no sea lo que quiero ser (por ejemplo, ser impaciente, ser mentiroso...).
- Aceptar lo que me diferencia de los demás sin juzgarlo.
- Ser capaz de darme placer incluso si creo que no me lo merezco.
- Darme el derecho a ser humano (por ejemplo, a tener miedos, debilidades, límites).
- Recordarme que todo lo que vivimos es una experiencia y no un error, lo que evita que pueda juzgarme.
- Dejar que mi corazón decida y no tener en cuenta las opiniones de los demás.
- Aprender de cada experiencia, no desaprobarla.
- Prestarle atención a lo que necesito incluso si los demás me aconsejan de otro modo.

➤ Estar bien incluso si no respondo a mis propias expectativas o si no mantengo mi promesa para conmigo mismo o los demás.

➤ Observar lo que ocurre, aunque una vocecita interior diga que no está de acuerdo.

➤ Recordarme que nadie puede ocuparse de mi felicidad, que soy la única persona responsable de lo que me suceda.

CON LOS DEMÁS

➤ Darles el derecho a ser lo que son en cada momento, sobre todo si no son lo que quiero que sean (por ejemplo, si el otro es perezoso o negativo).

➤ Aceptar que el otro es diferente sin juzgarlo.

➤ Dar consejos a los demás o guiarlos sin esperar nada a cambio.

➤ Concederles el derecho a ser humanos (por ejemplo, a tener miedos, debilidades, límites).

➤ Permitirles que decidan por sí mismos, sobre todo si pienso que su decisión es inaceptable para mí.

➤ Recordarme que cada persona tiene necesidad de vivir experiencias diferentes, según su plan de vida.

➤ Dejarles que vivan sus experiencias y que asuman las consecuencias.

➤ Pedir sin tener expectativa alguna (por ejemplo, saber que me ama aunque se niegue a complacerme en lo que pido).

➤ Recordarme que tener expectativas es legítimo solo cuando hay un acuerdo claro entre dos personas.

➤ Observar a los demás, en lugar de juzgarlos o criticarlos.

➤ Acordarme de que no puedo hacer feliz a nadie, que cada persona es responsable de su felicidad.

»Es interesante constatar que un buen número de personas continúa creyendo que la definición que acabo de dar del amor verdadero es la misma que la del egoísmo.

»Están convencidas de que pensar en sí mismo antes que en los demás es EGOÍSMO. Si es vuestro caso, debo precisaros que **ser egoísta es querer que el otro se ocupe de nuestras necesidades antes que de las suyas, y esto va en detrimento del otro. Es, por lo tanto, lo contrario del amor verdadero.**

»Dime, Anna, ¿puedes darme un ejemplo de una situación en la que hayas acusado a Mario de egoísta?

—Es fácil —se apresura a responder Anna—. Lo encuentro egoísta a veces, sobre todo cuando termina de trabajar. Llego a casa sobre las siete de la tarde, cansada de todo el día, incluida la hora que tengo que pasar en el metro y el autobús. Trabajo en el centro en una tienda de ropa para niños y paso la mayor parte de la jornada de pie. Lo primero que Mario me dice cuando llego es: «Tengo mucha hambre. ¿Falta mucho para que la cena esté lista?». ¿Imaginas mi frustración? Es él quien se queda con el coche para ir a trabajar. ¡Llega a menudo dos horas antes que yo y ni siquiera prepara la comida! Creo que lo que más me enfada es que me pregunta eso incluso antes de decirme hola ni de preguntarme cómo he pasado el día.

—Vamos a ver, querida —replica enseguida Mario—, sabes que necesito el coche en mi trabajo porque tengo que desplazarme a menudo. Además, no me gusta en absoluto la cocina, no sé cocinar nada. Y cuando acabo de trabajar a las cuatro de la tarde es porque he comenzado muy temprano por la mañana. Estoy por tanto cansado cuando llego. No entiendo por qué te quejas, ni siquiera tendrías necesidad de trabajar. Te he dicho muchas veces que tengo un muy buen salario y que es suficiente para la familia. Eres tú la que insiste en trabajar.

—Sabes que me volvería loca si tuviera que quedarme en casa todo el día. Ese trabajo es importante para mí. De todos modos, siempre pones excusas para que te haga de asistenta. Cualquier idiota puede cocinar. No te pido un festín, una tortillita estaría bien. ¡No pretenderás que crea que no sabes romper unos huevos! Eres un hombre brillante y se te da bien el bricolaje. Estoy segura de que si quisieras podrías aprender a cocinar un poco.

Al mirarlos y escucharlos discutir, puedo imaginarme fácilmente que este tipo de escena es frecuente en su casa. Parece que ya están habituados a actuar así. Incluso han olvidado dónde están. Toso muy ruidosamente para que se den cuenta de mi presencia. Paran en seco y me miran avergonzados. Me pongo a reír y eso los calma. Poco a poco, empiezan a reírse conmigo.

—Escucharos y miraros me ayuda a comprender mejor lo que pasa entre vosotros. Lo único que he pedido es que me dieses un ejemplo de egoísmo, Anna. Eso parece que ha tocado tu fibra sensible, ¿verdad? Ahora le toca a Mario. Dame un ejemplo de actitud egoísta de Anna.

—Tengo muchos. Por ejemplo, me pregunta constantemente a qué hora voy a llegar. Quiere saber siempre dónde estoy, con quién estoy, y eso me pone de los nervios. Soy jefe de compras en unos grandes almacenes y tengo muchas responsabilidades. A menudo invito a algún representante a tomar una copa o a comer conmigo, de ese modo suelo cerrar muy buenos negocios. Anna se queja de que no pienso en ella. Cree que mis clientes son más importantes que ella y me pone cara de enfadada cuando llego. En mi opinión no piensa más que en ella. Debería apreciar todo el esfuerzo que hago por traer un buen sueldo a casa. ¡Estoy empezando a hartarme de la situación!

A medida que habla, se va mostrando cada vez más afectado y se sonroja. Lo observo y le muestro que acepto lo que me está diciendo. Respiro profundamente y eso lo lleva a pensar que debe hacer lo mismo para calmarse.

Anna, por su parte, se prepara para contraatacar: me mira, levanta los hombros y respira también intensamente. Consigue controlarse y no dice nada, pero tengo la impresión de que tendría mucho que decir.

—Según la definición que he dado hace un rato, ¿seguís creyendo que lo que entendéis por egoísmo es acertado?

Se miran, sin saber muy bien qué responder. Me doy cuenta de que continúan creyendo que el otro es el egoísta.

—Repito: ser egoísta es quitar algo al otro para disfrutarlo nosotros. Es creer que el otro debe ocuparse de nuestras necesidades. En tu caso, Anna, quieres que Mario se ocupe de tu necesidad de llegar a casa y encontrarte con una buena cena sobre la mesa. Por lo tanto, no es Mario el egoísta en esa situación, pues eres tú quien espera algo de él. Él dice simplemente no a las expectativas. No te quita nada, tan solo no te da lo que tú quieres. Sin embargo, quieres privar a Mario de su tiempo de descanso en casa.

»¿Sabéis? Cada uno tiene derecho a hacer las preguntas que quiera y a tener expectativas, pero eso no quiere decir que el otro esté obligado a decir que sí. Si aceptamos que no estamos en este planeta para complacer las necesidades de los que nos rodean, eso nos ayuda a ocuparnos de nuestras propias necesidades. Eso se llama AMARSE A UNO MISMO. Si para responder a nuestras expectativas necesitamos de alguien, recordemos que el otro no está obligado a responder. Nos corresponde a nosotros encontrar el medio de satisfacerlas. Por tanto, en tu caso, Anna, lo que deseas es tener la cena en la mesa cuando llegues. Pídeselo claramente a Mario y, si te dice que sí, puede que prepare él mismo la comida o que pida que traigan algo. A lo mejor dice no. Pero recuerda: dice no a tu pregunta y no a ti.

»Y tú, Mario, ¿ves que aún tienes algunas expectativas con Anna? Quieres que esté de buen humor sea cual sea la decisión que tomes o la hora a la que llegues a casa. Tienes derecho a pedirle eso, pero repito que ella no está obligada a complacerte. ¿Ves que estás más allá de su límite si no accedes a su deseo de que te ocupes de la cena? Por tanto, recordad que es siempre la persona que quiere que el otro responda a sus deseos la egoísta. El otro, al decir no, solo está expresando sus propias necesidades y sus propios límites. No está diciéndole «no te quiero» a la persona que pide. Os habréis dado cuenta sin duda de que, en general, cuando uno llama al otro egoísta, se debe en gran parte a que no hay buena comunicación. Ya tendremos ocasión de hablar de este asunto en nuestros próximos encuentros.

»¿Sabéis por qué hay tantas personas que tratan a los demás de egoístas cuando estos no responden a sus expectativas? Porque están confundiendo la palabra AMAR con la palabra COMPLACER. En efecto, complacer no es amar, no lo olvidéis. En los dos ejemplos que me habéis dado, ¿os habéis percatado de que el comportamiento de uno no le gustaba al otro? ¡No hay más! *Complacer* quiere decir simplemente *agradar* al otro y es siempre en el *tener* y el *hacer*, no en el *ser*. Es falso creer que los que os aman tendrán ganas de agradaros siempre que os convenga. Los que quieren continuar creyendo esto van a sufrir muchos desengaños, frustraciones y enfados en su vida.

»Creer que *complacer* significa *amar* impide también a la gente aceptar la crítica. Cuando uno de vosotros le dice al otro que no le gusta su forma de actuar, de pensar, de hablar, de vestirse, etc., no está diciéndole que no lo ama, sino simplemente lo que no le gusta del otro en ese momento.

»¿Valoráis lo importante que es aceptar que es IMPOSIBLE estar complaciendo constantemente a los que nos rodean? Los que se esfuerzan por hacerlo ponen de manifiesto que les falta mucho para quererse a ellos mismos, lo que tendrá como consecuencia que dudarán de que los otros puedan amarlos verdaderamente.

»Ahora, Anna, delante de mí, ¿te sientes preparada para contarle a Mario el problema que me expusiste la semana pasada?

Ella se sonroja, se retuerce las manos y mira después a Mario, que parece preguntarse qué está pasando. Anna lanza un profundo suspiro y me dice:

—Ya es hora de agarrar el toro por los cuernos y hacer frente a la situación. Estoy contenta de que Mario haya aceptado venir aquí hoy y voy a aprovecharlo. Para responder a tu pregunta, sí, visité a mi madre, como me sugeriste. Se sorprendió mucho al escuchar las preguntas que le hice. Me dijo que prefería no hablar de eso y ver el lado bueno de las cosas de la vida. Finalmente, cuando ya me iba, me dijo que, aun así, pensaría en las preguntas que le hice, si eso era útil para mi terapia. Parece que se cree que seguir una terapia es solo para gente que tiene graves problemas. Se sorprendió cuando le conté que me había metido en una. Eso sí, me escuchó atentamente cuando le conté algunas de las cosas sobre las que habíamos dialogado tú y yo. Creo que se le abrió una puerta y que la próxima vez que la vea la charla será más fácil.

»Me propusiste también que hablara con Mario, pero no he sido capaz... Estoy más cómoda haciéndolo contigo delante, me siento con más valor.

Se vuelve hacia Mario, inspira profundamente, suelta un largo suspiro y le confiesa que sospecha que tiene una relación con otra mujer, que ya no la quiere y que tiene pensado dejarla. Lo dice tan rápido que tiene que repetirlo. Su forma acelerada de hablar me hace suponer que ha estado practicando mentalmente varias veces. Él le dice entonces:

—¿Estás loca? ¿Cómo puedes creer eso de mí? ¡Estoy tan cansado que una aventura es lo último que me apetece! Me decepcionas, Anna: ¿aún no te has dado cuenta de que te amo? Ya no sé qué hacer. Parece que hay algo que me está corroyendo por dentro. Lo único que espero es que no sea cáncer. Tengo miedo a ir al médico y que me lo confirme.

Me mira y continúa:

—Me sorprende la imaginación que podéis llegar a tener las mujeres. ¿Por qué os hacéis tanto daño? Anna, ¿desde cuándo crees que te engaño?

Los dejo que sigan hablándose unos minutos. Después escucho que Anna le dice a Mario que tiene un gran secreto que contarle y que no puede guardárselo más. Le confiesa que se quedó embarazada a sabiendas, para que él dejara a su mujer. Mario la mira. Una miríada de emociones se puede leer en su rostro: sorpresa, negación, ira, tristeza, ira de nuevo... Finalmente le dice:

—¿Y esto tenías pensado ocultármelo toda la vida? ¿Cómo has podido vivir conmigo todo este tiempo mintiéndome y atreviéndote a acusarme a mí de mentir? ¡Es increíble! ¿Te das cuenta de que lo que tú hiciste es mucho peor que lo que yo haya podido hacer? En tu caso, es una mentira deliberada; en mi caso, no era yo quien mentía, eras tú quien se lo imaginaba todo. ¿Cómo voy a poder confiar en ella a partir de ahora? —añade mirándome.

—¿Quieres que te ayude a ver todo esto con los ojos del corazón? A fin de cuentas, es el objetivo de esta visita: aprender a amar más y sobre todo de una manera más fácil y agradable. ¿Estás de acuerdo?

—Te escucho, pero si te pones de su parte dejaré de hacerlo. ¡Estoy tan enfadado que ya no sé si estoy preparado para oír tu opinión! —dice en un tono mucho más alto.

Se vuelve hacia Anna, aprieta la mandíbula y le dice entre dientes:

—Has hecho bien al confesarme esto delante de Lise, porque si hubiéramos estado solos, no me habría retenido tanto...

Anna baja la cabeza sin decir nada.

—Para empezar, es importante que te permitas enfadarte, es una de las etapas de la aceptación. Es completamente normal y humano vivir emociones cuando tocan una de nuestras heridas. Acepta esta ira y no te niegues a experimentarla. Para observarla mejor, ¿puedes decirme en qué parte de tu cuerpo la sientes?

—Por todo el vientre y en los brazos. De lo que tengo ganas ahora es de golpear a alguien o algo.

—Ahora, visualízala y dile que le vas a dar su espacio. Dale tiempo para que se acomode y tu cuerpo la absorba. En realidad, la sientes en tu cuerpo físico, pero solo es un indicio de lo que estás viviendo en tu cuerpo emocional y mental. Una observación completa debe tener en cuenta los tres cuerpos. Veamos ahora lo que está ocurriendo en tu plano mental. Estás acusando a Anna de haberte mentido. ¿Al principio de vuestra relación le preguntaste si se había quedado embarazada adrede? ¿No? Entonces, en realidad no te ha mentido, simplemente ha elegido no decírtelo. Espera un momento antes de responder. Déjame explicarte la definición de *mentira*. Enseguida podrás hacerme las preguntas que quieras.

»Una mentira es la incoherencia entre lo que una persona dice, piensa, siente y hace. Nadie sobre la Tierra está obligado a ir contando por ahí sus secretos o lo que piensa a todo el mundo. Sin embargo, si le hubieras preguntado a Anna y hubiese respondido que no, entonces sí habría mentido.

—Sabía que te pondrías de su lado... Estoy de acuerdo con que nadie está obligado a decirlo todo, pero ese secreto me implicaba directamente. Tendría que habérmelo contado.

—Estoy de acuerdo contigo con que habría sido preferible que te lo hubiese dicho desde el principio. Atreverse a compartirlo todo con la pareja es una costumbre excelente para llevar una vida íntima en armonía. Nuestra pareja debería ser nuestro mejor amigo, no tendríamos por qué sentir miedo de revelarle nuestros sentimientos más profundos. Pero sabes tan bien como yo que el miedo nos impide a menudo actuar de la manera que quisiéramos. No puedo evitar hacer alusión a lo que he oído hace un rato, cuando decías que tenías miedo de tener cáncer y que por eso no querías ir al médico. ¿Has compartido este sentimiento con Anna?

—No, jamás le he hablado de ese asunto. Pero no es lo mismo: eso no la implicaba directamente, después de todo es mi cuerpo.

Anna se enfada y replica:

—¿Tienes el descaro de decirme que eso no me concierne? Todo este tiempo he vivido preocupada. Ya no sé qué pensar de nuestro matrimonio. No eres el mismo conmigo ni con tus dos hijos. Y no soy la única que está intranquila con este asunto: todos los que te quieren también lo están. —Suspira y añade—: De nada sirve enfadarme. Me doy cuenta de que eres como yo: tenías mucho miedo de compartir tu inquietud.

—¿Te das cuenta, Mario —intervengo—, de que no le has mentido a Anna, que no se lo has dicho por culpa del miedo que sientes? El temor a saber que puedes tener una enfermedad mortal es legítimo, tanto como el que tiene Anna de que la dejes. Sabemos que estos miedos provienen de nuestra imaginación y que son la mayor parte del tiempo injustificados; a pesar de eso, están presentes. No sirve de nada negarlos. Por lo tanto, lo que tenéis que hacer ahora es permitíos sentirlo, porque es algo humano. Aceptar un miedo tiene un efecto balsámico, es verdaderamente mágico. ¿Veis cómo la aceptación puede hacer que veamos de modo diferente una situación, con los ojos del amor?

A Anna le corren las lágrimas por los ojos y tiene una sonrisa en los labios. Noto que revelar su secreto la ha aliviado. Por su parte, Mario se reacomoda y respira profundamente varias veces. Poco a poco, siento que va aflojando, que sus hombros se relajan. Me mira y me dice bajito:

—Debo admitir que me siento mejor. Ya no me duele el brazo, solo me molesta el plexo. Ya respiro mejor. Buena señal, ¿no? Ahora comprendo mejor por qué Anna me hacía tantas preguntas sobre mis idas y venidas. No conseguía comprender por qué quería siempre estar al tanto de todo. ¿Qué podemos hacer ahora?

—Os sugiero que comprobéis si habéis ocultado cosas a vuestros padres (tú, Anna, a tu padre; tú, Mario, a tu madre) cuando erais más jóvenes. Normalmente, cuando una situación desagradable sobreviene en nuestra vida adulta, es porque nuestra atención está sobre lo que no aceptamos cuando éramos jóvenes. Es por lo tanto muy probable que hayáis escondido algo, que no os hayáis aceptado en esa situación y que os sintáis culpables. Aún es más probable que les hayáis acusado de mentiros en un momento dado o de haber mentido a su pareja. Tomaos el tiempo necesario para reflexionar sobre esto y habladlo con vuestros padres si es posible. Volveremos sobre este asunto en la próxima visita.

»Para concluir el encuentro de hoy, os quiero decir que es perfectamente normal para la mayoría de nosotros tener una percepción errónea de lo que es el amor verdadero, pues nuestros padres o quienes nos educaron no nos han transmitido esa enseñanza. Finalmente, la definición de amor verdadero puede resumirse en la palabra *ACEPTACIÓN*: aceptarse y aceptar a los demás en todas las experiencias de la vida, incluso si no estamos de acuerdo, incluso si no coincide con lo que hemos aprendido. La noción de aceptación es espiritual, mientras que estar de acuerdo —tener la misma opinión— es una noción mental. Por eso el ego solo quiere aceptar algo o a alguien si está de acuerdo con la persona o la situación.

»Os voy a dejar anotada la definición de amor a uno mismo y a los demás que os he explicado hace un rato. Os aconsejo que hagáis referencia a ella tan a menudo como podáis, así la iréis asimilando mejor.

RECUERDA...

♡ La mayoría de la gente se confunde al pensar que ciertas actitudes y comportamientos son amor verdadero: el cariño, la piedad, la devoción, el amor pasional, el comportamiento posesivo, el egoísmo y la complacencia.

♡ Si la persona que da muestras de cariño tiene la más mínima expectativa, no está regalando amor, sino que está esperando recibir algo del otro.

♡ Puede que la entrega sea motivada por el amor verdadero, pero hay muchos casos en los que no es así.

♡ Quien quiera vivir un amor verdadero sabrá por intuición que ha llegado porque comienza justo cuando la pasión disminuye.

♡ Nadie en el mundo puede hacer feliz a nadie. La felicidad solo puede venir del interior de uno mismo.

♡ Ser responsable es asumir las consecuencias de lo que elegimos y dejar que los demás asuman las consecuencias de sus decisiones.

♡ El amor incondicional se expresa de la misma manera, sea el amor a uno mismo, a su padre, a su madre, el amor íntimo o el amor a los amigos.

♡ Ser egoísta es querer que el otro se ocupe de nuestras necesidades antes que de las suyas; ese deseo va en detrimento de los demás. Es creer que los demás son responsables de nuestra felicidad. Es lo contrario del amor verdadero. Ser egoísta es quitar algo al otro para nuestra propia satisfacción.

♡ Tenemos derecho a pedir, a tener expectativas, pero eso no quiere decir que el otro esté obligado a complacernos.

♡ Es equivocado creer que los que nos quieren siempre van a tener ganas de complacernos en el momento en que mejor nos convenga. Los que quieren seguir creyendo de este modo sufrirán muchos desengaños, frustraciones y enfados durante su vida.

♡ Es imposible complacer siempre a los demás. Los que se esfuerzan por hacerlo se aman muy poco a sí mismos. Como consecuencia, dudarán de que los demás puedan amarlos verdaderamente.

♡ La persona egoísta es la que pretende que el otro responda siempre a sus deseos. El otro, cuando dice no, solo expresa sus propias necesidades o sus límites.

♡ Una mentira es la incoherencia entre lo que una persona dice, piensa, siente y hace. Nadie está obligado a ir contando sus secretos o lo que piensa a cualquiera.

♡ Atreverse a compartirlo todo con nuestra pareja es una excelente costumbre que podemos adoptar para tener una vida íntima maravillosa. Nuestra pareja debería ser nuestro mejor amigo y no deberíamos tener miedo de revelarle nuestros sentimientos más profundos.

♡ Cuando ocurre una situación desagradable en nuestra vida adulta, es porque queremos atraer nuestra atención sobre lo que no aceptamos siendo jóvenes.

Capítulo 3

ACEPTAR LO QUE LOS SERES QUERIDOS ELIJAN

—Buenos días, Anna y Mario. Estoy contenta de volveros a ver. ¿Habéis pasado una buena semana? ¿Hay algunos cambios positivos en vuestra relación a raíz de nuestra conversación de la semana pasada?

—Sí —responde Anna—. En varias ocasiones nos hemos dado cuenta de que cuando uno de los dos vivía una emoción, era porque se había creado expectativas con respecto al otro. Cada vez que esa situación se presentaba, nos mirábamos, decíamos «expectativa» y nos daba la risa. ¡Hemos mejorado mucho! Pero, dime, ¿por qué tenemos tantas expectativas uno con el otro? ¿Ocurre lo mismo en todas las parejas?

—¿Estáis seguros de que no conocéis la respuesta a esta pregunta? Os sugiero que volváis a leer la definición de amor verdadero, quizá ahí esté lo que buscáis...

Les dejo que examinen el texto que describe el amor verdadero. Mario es el primero en responder.

—¡Lo tengo! He encontrado la frase en la que se habla de las expectativas: «TENER EXPECTATIVAS SOLO ES LEGÍTIMO CUANDO LAS DOS PERSONAS ESTÁN DE ACUERDO». Es verdad que no había pactos claros entre nosotros. ¿Te acuerdas, Anna, cuando te critiqué por no haber planchado la camisa que necesitaba? ¡Me respondiste chillando que no eras mi sirvienta y me dijiste que me la planchara yo!

—Mario se dio cuenta media hora después de que se había creado expectativas con respecto a mí y me pidió perdón. Eso me afectó mucho —añade ella mirándolo con amor...—; de hecho, es verdad que no le había prometido que la camisa estaría planchada para el miércoles. Me ocupo siempre del planchado, pero solo hago un poco cada vez, porque no es que me vuelva loca esta tarea.

—Sigamos con el asunto de las expectativas. Anna, dices que siempre eres tú la que se encarga del planchado. ¿Te comprometiste desde el principio de vuestro matrimonio con él a hacerlo el resto de tu vida o en realidad se ha convertido en una costumbre que Mario considera ahora como consolidada?

—Tienes razón, me he acostumbrado a ocuparme del planchado porque, según yo, los hombres no saben hacerlo correctamente. Pero nunca hubo un compromiso formal sobre este asunto. ¿Quieres decir que es mejor que nos comprometamos con todo lo que hagamos?

—¿Qué pensáis? Intentad imaginar a una familia en cuya casa todas las tareas cotidianas están fijadas con antelación y claramente repartidas. La idea no es ser rígido en la atribución de tareas ni negar la ayuda al otro si lo necesita. Siempre he encontrado sorprendente que la mayoría de la gente acepte que tiene unas tareas que hacer en el trabajo, pero no en la casa.

—Me gusta esa idea —responde Mario—, pero necesitaremos trabajar mucho para ponerla en práctica, ¿verdad? ¿Crees, Anna, que podremos conseguirlo?

—Sabes que me gusta hacer listas. Podría redactar una de todo lo que hay que hacer durante la semana en casa. Después podríamos sentarnos con Sandra para hablar de eso. ¡Entre los tres seguro que llegamos a un acuerdo!

—¡Bravo, Anna! Estoy segura de que aportáis mucho cada uno y de que esto va a continuar siendo así. Ese es el modo de ahorrarse muchas frustraciones dentro de la familia.

—¡Sí, pero no por establecer una lista de tareas eso se va a cumplir! Tengo miedo de que Mario, que hace a menudo horas extras, busque excusas para no cumplir su parte. En cuanto a Sandra, siento que será aún peor. Estoy casi segura de que no va a funcionar con ella. Sería mejor que no le adjudicara ninguna tarea.

—Te corresponde decidir. Escoge lo que te haga sufrir menos. Comprueba en una escala del uno al diez la intensidad de las emociones que vives cuando lo haces todo en su lugar. Después, te aconsejo que pases por esta experiencia: dile que forma parte de la familia, que utiliza la casa tanto como vosotros y que tiene que cumplir con las tareas del hogar al mismo nivel que vosotros.

—Sé que me va a responder que somos nosotros quienes quisimos traerla al mundo, que ella no lo pidió, y que nos corresponde cargar con las consecuencias de esa decisión. ¡Los jóvenes de hoy son tan descarados! Me quedo a veces con la boca abierta cuando escucho sus comentarios. Y siempre acaba por llevarse el gato al agua.

—Es cierto, los jóvenes no se andan con rodeos para decir lo que quieren decir —afirmo—. ¿Sabes? Eso es bueno. Los de las generaciones anteriores, incluyendo la nuestra, pensaban lo mismo que ellos, pero no se atrevían a decir nada. Al menos, hoy, la juventud se desahoga. Acumulan muchas menos frustraciones que nosotros. Este es el lado bueno de ese descaro del que hablas. No digo que esté de acuerdo con comportamientos irrespetuosos o insolentes, pero, como padres, debemos siempre recordarnos que nuestros hijos han aprendido a comportarse así en casa. Sobre todo, son muy intuitivos, parecen conocer por instinto lo que sus padres no se han permitido nunca hacer. Como no quieren ser como ellos, deciden hacer lo contrario. Se atreven, por ejemplo, a decir lo que les apetezca decir. La razón por la que esta forma de actuar parece una desfachatez es porque vuestra hija es reactiva en este momento. Cuanto más os aceptéis el uno al otro, más os aceptará vuestra hija y menos querrá adoptar comportamientos contrarios a los vuestros para hacer que reaccionéis.

»Llegar a un acuerdo con ella significa que debéis permanecer firmes cuando le digáis que queréis adoptar un nuevo comportamiento dentro de casa para que haya más armonía. Tanto como sea posible, mostraos abiertos y transparentes con ella. A nuestros jóvenes les gusta que sus padres sean auténticos. Es necesario que quede claro para ella si forma parte de la familia o no. Si se niega, tendrá que hacerse todo ella misma: la comida, lavarse y plancharse su ropa, limpiar su habitación, ganar el dinero suficiente para pagar sus gastos, para salir o para comer fuera…

»También puede decidir formar parte de la familia y que os repartáis las tareas semanales entre los tres. Supongamos que acepta, pero que no mantiene su palabra como temes. En ese momento, valora, siempre sobre una escala del uno al diez, las emociones que experimentas cuando tienes que recordarle todo el tiempo sus compromisos o cuando tienes que obligarla a que asuma sus consecuencias. Así podrás determinar cuál de las dos actitudes quieres adoptar con ella: hacerlo todo tú misma o invitarla a comprometerse, aunque tengas que estar recordándole sus compromisos y sus consecuencias.

—¿Cuáles son esas consecuencias de las que hablas?

—Cuando hay un acuerdo entre dos personas es bueno establecer, de una forma clara y precisa, cuáles serán las consecuencias si una de las dos no cumple lo que promete. Por ejemplo, en el trabajo, si alguien no realiza la tarea que se le ha asignado durante la jornada, la consecuencia podría ser que tendrá que trabajar horas extras, o quizá su jefe decida pagar a otra persona para hacerlo y le descuente ese dinero de su salario. Debéis hacer lo mismo en casa. Una vez hayáis redactado la lista y decidido quién hace qué, tomaos algunos minutos suplementarios para precisar lo que pasará si uno de vosotros no puede hacer una de sus tareas o no quiere hacerla.

»Me estoy dando cuenta, por la forma como os estáis mirando, de que no estáis nada convencidos de que esto funcione. Os sugiero probar durante las semanas venideras. Si encontráis alguna dificultad, volveremos a hablar, ¿de acuerdo?

—De acuerdo —asiente Anna—. Debo admitir que tengo miedo de que la situación empeore si comienzo a castigarla. Me sentiré como un policía. Después de todo, solo tiene catorce años. ¿Crees que comprenderá todo esto?

—No he hablado de castigo, sino de consecuencia. Los jóvenes saben muy bien establecer la diferencia entre estos dos términos, no te preocupes. Además, cuando hagáis la lista, habréis de decidir juntos las consecuencias que tendrá para cada uno de vosotros dos, no solo para Sandra. Os aconsejo que incluso le pidáis en primer lugar opinión a vuestra hija sobre qué consecuencias le parecen más justas a ella.

»Tengo una pregunta para ti, Anna. ¿Tu madre lo hacía todo en tu lugar cuando tenías catorce años?

—¡Por Dios, no! Me ocupaba de mis dos hermanos pequeños, la ayudaba a ella a limpiar; además, estaba al cuidado de los hijos de varios vecinos, así ganaba algo de dinero para mis gastos. ¿Es imaginación mía que los jóvenes actuales no son tan maduros como lo éramos nosotros?

—Sí, es imaginación tuya. ¿Te das cuenta de que hoy los jóvenes de catorce años toman droga, beben alcohol, hacen el amor y son mucho más cultos que los de la generación precedente a esa edad? ¿Cómo puede ser que sean inmaduros para ayudar en casa? Todo depende de la educación que reciban y de la firmeza de sus padres. Comprendámoslo bien: establecer reglas es ser firme y consecuente, y no rígido y autoritario. Una persona es firme cuando expresa sus necesidades sin acusar al otro. Se muestra también preparada para escuchar la opinión del otro sin por ello resignarse a hacer lo que ese otro quiera. Se puede ser una autoridad en una materia, o una referencia para los demás, pero no ser déspota y rígido.

»Esta última persona impone sus normas y no quiere saber nada de la opinión de los demás. No está abierta a nuevos consejos una vez que ya ha iniciado un comportamiento. Establece reglas para tener poder sobre el otro, exige e impone incluso si esas normas no son inteligentes. Esta persona no dedicará tiempo a sentarse para redactar una lista y comprobar junto a los miembros de su familia si el reparto de las tareas y el tiempo para hacerlas les conviene. Impondría lo que estimara oportuno.

—Mi madre es de ese tipo —responde Anna—. Me era imposible expresar mis deseos y no me sentía aceptada por ella. Es justo otro de mis temores. Sandra tenía tendencia a decirme que si la amase la aceptaría como es. Si eso ocurriese, ¿qué le respondería? Si actúo como me estás sugiriendo que haga, tengo la impresión de que no lo aceptará. ¿Ves? De eso te hablaba cuando me refería a la aceptación en mi primera visita. Tengo la impresión de que, si acepto a todo el mundo, me sentiré invadida.

—Dime, según tú, ¿aceptaste el comportamiento de tu madre contigo cuando eras adolescente? ¿Cómo la juzgaste?

—La encontraba muy injusta. Mis amigas tenían por lo menos cinco francos de paga a la semana y no trabajaban si no querían. Una de ellas conseguía sacarle a su padre todo el dinero que quería. Como Sandra con Mario —añade a modo de reproche hacia Mario.

—Esa es una razón por la que tienes miedo de ser una mala madre con Sandra y por la que utilizas un comportamiento contrario al que tenía tu madre. Te voy a dar un consejo: si tienes el valor suficiente, pregúntale a tu hija en qué circunstancias piensa que actúas injustamente. Es lamentable, pero la mayor parte de la gente no sabe que hace todo lo posible para no ser juzgados de una cierta manera, y sin embargo lo hacen.

»Sobre lo que me preguntabas antes, aceptar a otra persona significa darle derecho a SER lo que quiera y no permitirle HACER todo lo que quiera en nuestro espacio. ¡Por el momento, vuestra hija está en VUESTRA CASA! Dentro de algunos años tendrá SU CASA y entonces será ella quien decida las reglas que habrá que seguir allí. No tendrá nada que decir sobre lo que vosotros hagáis en la vuestra. Puede que no esté de acuerdo con ciertas reglas que establecéis en vuestra casa, pero es importante explicarle lo que acabo de deciros. Tenéis perfecto derecho a decidir lo que queréis hacer para que sea agradable vivir en vuestra casa.

»Habitualmente, la mejor manera de proceder es darles la palabra a los jóvenes. Pregúntale a tu hija lo que querría hacer si estuviera en su casa, qué reglas impondría. Podéis intentar llegar juntos a un acuerdo haciendo una o dos concesiones. ¿Estáis listos para vivir esa experiencia y ver lo que ocurrirá en las próximas semanas?

Se miran, suspiran y me dicen con señas que sí.

—Gracias por tus consejos —dice Anna—. Tengo una pregunta más: ¿cómo podemos lograr aceptar la forma de vestir de Sandra? Si fuera la única que lo hace así, creo que sería más fácil hacerle comprender que es demasiado atrevida, pero todas sus amigas llevan el mismo tipo de ropa. Ya no sé qué hacer. Mario está de acuerdo conmigo. Creo que incluso le molesta a él más, pero quiere que sea yo quien se ocupe de gestionar la situación. Leo una y otra vez tu lista y releo las frases que podrían ayudarme, pero no sé qué hacer.

»Dices que debemos permitir a los demás que sean lo que quieren que sean, sobre todo si no son como nos gustaría que fueran, que tenemos que dejar que tomen sus decisiones y que vivan sus experiencias dejándoles asumir las consecuencias de lo que elijan. Dices además que debemos darles consejos o directrices sin esperar nada a cambio. ¡Uff! ¡Eso es muy difícil!

—Este es un buen ejemplo de comportamiento que os molesta. Eso le concierne exclusivamente a vuestra hija, porque no invade vuestro espacio. Vuestra hija quiere ESTAR SEXI; sin embargo, si por ser sexi invadiera vuestro espacio, tendríais derecho a no aceptarlo. Por ejemplo, Anna, si usase tu ropa sin tu permiso, tendrías todo el derecho de intervenir y prohibírselo. Eso es otra cosa, ¿verdad? ¿Qué temes que le suceda vistiendo de esa manera?

—Que sufra una agresión sexual y que todo el mundo crea que es una prostituta.

—¿Recordáis lo que dijimos en el curso de Escucha a tu Cuerpo, que en realidad nunca tenemos miedo a lo que les pase a los otros sino a nosotros mismos?

Mario hace que no con señas; Anna, en cambio, dice que sí lo recuerda, pero no cree que pueda aplicarlo a este caso.

—Bravo, Anna, por tu franqueza. Has tenido una reacción completamente normal. ¿Te acuerdas cuando vimos que el ego se resiste a todo lo nuevo? Por eso lo digo. A medida que te acostumbres a plantearte preguntas correctas, descubrirás automáticamente cuál es tu miedo en cada situación en la que crees que sientes miedo por otro. Por lo tanto, con respecto a Sandra, si le sucediera lo que dices temer, ¿qué temes que te ocurra a ti?

Al poco de terminar mi pregunta, las lágrimas han brotado de sus ojos. Le sugiero que respire profundamente y le ofrezco agua y un pañuelo. Poco a poco se tranquiliza.

—Un recuerdo de mi adolescencia está llegando a la superficie... Tenía quince años. A mi gran amiga Nicole, que vivía en la casa vecina a la nuestra, la agredió un hombre mucho mayor que vivía solo en una casa al final de la calle. Veíamos que les guiñaba el ojo a todas las chicas del vecindario, pero no le hacíamos ni caso. ¡Dios mío, solo tenía catorce años también cuando le ocurrió! Lo peor de todo esto es que mi madre y la madre de Nicole, católicas acérrimas, se tomaron muy mal todo aquello.

»Como consecuencia, mi madre me prohibió seguir quedando con Nicole. Me decía que seguramente ella había sido culpable, que aquella pinta de prostituta había atraído a aquel señor. La madre de Nicole me acusaba a mí afirmando que, como tenía un año más que su hija, la había influenciado; tampoco quería que su hija me viese. Continuamos viéndonos a escondidas. Pero cuando su madre se dio cuenta, la regañó severamente.

»Naturalmente mi madre me reservó la misma suerte cuando se enteró. No pude salir de casa ni recibir llamadas durante un mes. Después de ese tiempo, me enteré de que Nicole estaba embarazada de cuatro meses, que la habían sacado del colegio privado al que iba y que la habían enviado a la casa de una tía suya hasta que naciera el bebé. ¿Te imaginas? Según las creencias religiosas de su madre, el aborto no era una opción. No volví a ver a Nicole. Fue un duro golpe para mí. El año siguiente nos mudamos. Supe más tarde que habían dado al niño en adopción.

»Cuántas veces escuché a mi madre decir: «Más te vale que no te quedes nunca embarazada antes de casarte. No te lo perdonaría jamás. Yo no podría dar un niño en adopción. Me vería obligada a cuidar a ese niño y, no, gracias, ¡no quiero a un bastardo en mi casa...!». ¿Cómo es posible que no haya atado cabos antes? De eso es de lo que tengo miedo, de que Sandra se quede embarazada, de que me tenga que hacer responsable del bebé y de que su reputación quede manchada. Ahora comprendo por qué vivo en esta situación con mi hija a sus catorce años. Este incidente marcó mucho a mamá también, porque me vigilaba mucho más de cerca. Empezó a confiar menos en mí, siempre tenía que decirle a dónde iba y con quién salía.

»Es interesante encontrar la relación, pero ¿qué hago con todo esto ahora? ¿Crees que el hecho de ser consciente puede marcar una diferencia hasta el punto de que Sandra vaya a empezar a vestirse de una manera menos provocativa?

—¿Ves? Tenía razón al decirte que es por ti por lo que se viste así. —Mario se encara con Anna señalándola con el dedo—. Por eso quería que tú te ocuparas. ¡Ah, qué difícil es educar a una hija, sobre todo en la adolescencia! Es mucho más simple con los chicos. Nosotros, padres, no tenemos de qué preocuparnos en cuestión de sexo con un muchacho. Nunca he tenido ese problema con mi hijo. En lo que respecta a Sandra, espero también de todo corazón que lo que ocurra aquí hoy cambie algo, pues estoy de acuerdo con Anna en que nuestra hija exagera su forma de vestir. Me digo a menudo que un joven con necesidad de sexo debe de sentirse tentado ante toda esa exhibición.

Me apresuro a tomar la palabra, pues veo que Anna va a responder violentamente a esta acusación de su marido.

—Hablas de hombres con necesidad de sexo. ¿Dices esto porque es lo que te ocurre a ti?

Mario se ruboriza un poco, mira a Anna y me responde tras respirar profundamente.

—Voy a ser sincero hasta sus últimas consecuencias. Pues mira, sí, tengo necesidad de sexo. A decir verdad, no me he sentido bien de un tiempo a esta parte y no he tenido ganas de gran cosa, de sexo tampoco; sin embargo, siento que me falta. A menudo, de día, me imagino haciendo el amor como solíamos hacerlo antes, pero cuando llega la noche no tengo un gramo de energía. ¿Puedes explicarme por qué me falta energía tan a menudo?

—Volveremos a hablar sobre ese asunto en otro momento. Centrémonos en lo que traíamos entre manos, ¿vale? Me dices que sientes que te falta sexo y que piensas en ello con deseo durante todo el día. En ese momento, cuando ves a una bella adolescente pavonearse delante de ti, vestida de una manera sexi, ¿sientes ganas de tirarte encima de ella?

—¡Pues claro que no! La encuentro bella y sexi, pero eso es todo. Nunca se me ocurriría ir más allá.

—Entonces, ¿por qué crees que los demás hombres carentes de sexo han de ser diferentes a ti? Por supuesto, hay y habrá siempre hombres inmaduros en cuanto a su sexualidad que solo piensen en hacer el amor con chicas jóvenes —incluso algunos de ellos con chicos jóvenes—. La mayoría puede contenerse, pero algunos no lo consiguen y terminan agrediendo a alguien, como el hombre del que hablaste antes, Anna, el que abusó de tu amiga. La razón por la que actúan así los que no consiguen controlarse se debe a que ellos mismos han sido agredidos en su juventud y aún están resentidos con su agresor. Cuantas más veces alguien dice que no se convertirá nunca en cierta persona, más seguro es que finalmente así sea. Mientras más energía canalicemos hacia un pensamiento, más desarrollamos un sentimiento unido fuertemente a ese pensamiento y más se manifiesta. Esta ley es maravillosa cuando la utilizamos para crear lo que deseamos.

»Por lo tanto, volviendo con Sandra, ¿te das cuenta, Anna, de que has atraído en tu vida de madre a una joven que se viste de modo provocador justamente para ayudarte en el proceso de aceptación con tu madre, que sentía los mismos miedos que tú frente a la sexualidad?

—¿Tú también me vas a decir que es culpa mía que la niña actúe así? ¡Uff! —Anna se para un momento. Parece reflexionar—. Lo siento, ahora ha tomado el timón mi ego. ¡Al menos he sido capaz de darme cuenta bastante rápido hoy! Sé que ser responsable es aceptar el hecho de que atraemos ciertos comportamientos y actitudes de nuestros familiares para ayudarnos a tomar conciencia de algo que tenemos que regular. He vuelto a leer el capítulo sobre la responsabilidad hace algunos días. Aquello de que si no aceptamos nuestra responsabilidad nos sentimos culpables me resulta difícil de comprender. Es lo que acaba de sucederme. He sentido que Mario y tú me acusabais cuando decíais que la actitud de Sandra estaba en relación con la mía. Bueno, estoy de acuerdo. ¿Qué puedo hacer ahora?

—Te decía hace poco que debes seguir un proceso de adaptación con tu madre. A consecuencia de la actitud que tenía contigo por miedo a que te quedases embarazada y a que te tachasen de zorra, ¿de qué la has acusado?

—De ser injusta de nuevo, de no comprenderme, pero sobre todo de no escucharme. Era como si me dijese que era una prostituta como mi amiga. Ya no confiaba en mí.

—Bueno, pues ya sabes lo que tienes que hacer. El día que puedas comprender que tu madre actuaba así por amor por ti en la misma medida en que tú te preocupas por tu hija por amor a ella, volverás a encontrar la paz interior.

»Hasta ahora hemos visto el miedo que tienes por Sandra y el que realmente sientes por ti en esta situación. Tienes miedo de que tu hija se quede embarazada, no solo por ella, sino también por tener que sufrir las consecuencias. Y tú, Mario, tienes miedo de que Sandra sufra una agresión sexual. Sin embargo, no sé qué temes que te pueda ocurrir a ti si eso le sucediera a tu hija. ¿Lo sabes?

—No tengo miedo por ella, sino por mí, de acuerdo. Lo que me viene a la mente es que me enfadaría tanto que querría vengar a mi hija y que podría mostrarme muy violento si encontrara al agresor.

—Te aconsejo entonces que intentes encontrar de dónde viene esa violencia que tanto miedo te da. Quiero que sepas que representa algo que no aceptaste en tu infancia o tu adolescencia. Si quieres hablar de este asunto alguna otra vez que nos encontremos, tienes toda la libertad del mundo para plantearlo. Ahora me gustaría volver a la situación que vivís con Sandra. Recordad que el verdadero problema en cualquier situación es el miedo que despierta en vosotros. Ahora que lo hemos delimitado, ¿qué queréis que hagamos con este asunto?

Anna responde enseguida:

—Muy simple: que Sandra no se quede embarazada, que se muestre menos sexi. ¡Eso lo pondría todo en su sitio!

—Me haces reír. Esa suele ser la respuesta que escucho. ¿Te das cuenta de hasta qué punto eso que deseas depende de tu hija? Un QUIERO siempre debe depender de ella. Puedo ayudarte un poco. ¿Quieres ser capaz de sentirte bien incluso si lo peor sucede? ¿Te gustaría gestionar esta situación con ella como si fuera una buena amiga? ¿Quieres trabajar sobre las soluciones mejor que sobre el problema?

—Hmmm... Quiero todo eso, pero sobre todo quiero ser capaz de sentirme bien y dejar de preocuparme con este asunto. Me gustaría tener la seguridad de que, ocurra lo que ocurra, estaré preparada para hacerle frente.

—¡Bravo! ¿Sabes? Es muy importante saber lo que quieres. Si no fuera así, ¿cómo podrías alcanzarlo? Si entras en un restaurante y no sabes qué comer, ¿crees que comerás? Así ocurre en todos los terrenos. Lo más importante es que recuerdes que todas las experiencias que vives gracias a tu hija te ayudan a completar tus propios procesos. Ella no está en tu vida para hacerte sufrir.

»Te aconsejo que le cuentes a Sandra lo que le ocurrió a tu amiga Nicole, lo que viviste a los quince años. Sobre todo, cuéntale cómo te sentías cuando tu madre te vigilaba y cuando te acusaron de ser una mala influencia para tu amiga. Háblale de las acusaciones que formulaste contra todas las personas implicadas en esa historia. Estaría bien que te prepararas para esa conversación poniendo todo previamente por escrito.

»Explícale que por eso actúas así con ella y que te resulta difícil aceptar su modo de vestir. Después, pregúntale si está viviendo las mismas emociones que tú, si tiene los mismos miedos y te acusa de lo mismo. Recuerda que vivimos lo mismo generación tras generación. Las experiencias de la vida se repiten con las personas del mismo sexo. Por ejemplo, si acusaste a tu padre de algo, alguien del sexo masculino te acusará por la misma razón. En tu caso, tu madre tuvo miedo de que te quedaras embarazada como tu amiga Nicole, a la que acusaba de parecer prostituta. La acusaste de ser injusta, de no confiar en ti, de no comprenderte y sobre todo de no escucharte. Por eso tu hija está haciendo que revivas la misma experiencia que la que hiciste vivir a tu madre. Sería interesante saber en qué circunstancias te acusa de lo mismo.

—¿Y si Sandra no quiere hablar de este asunto?

—Para empezar, dile que le vas a contar algo que te sucedió cuando eras adolescente. Puedo asegurarte que, si no se siente acusada a lo largo de esa conversación, tendrá ganas de seguir escuchándote; pero si se siente acusada, parará en seco el diálogo. La finalidad de hablar con ella es ayudarte a comprobar lo que aceptas y lo que no. Después de haber compartido con ella el motivo por el que acusabas a tu madre, será más fácil para ti discernir en qué momento te juzga o te acusa de lo mismo. Si aceptas que acusaste a tu madre, lo sentirá y te hablará con más facilidad de lo que vive contigo. El objetivo no debe ser que cambie su modo de vestir, eso solo le corresponde a ella. Es su vida, y las posibles consecuencias las sufrirá ella.

—Precisamente a propósito de las consecuencias... Supongamos que no quiere cambiar y que se queda embarazada. Somos Mario y yo quienes deberíamos asumir las consecuencias, ¿no? ¡Ese es mi mayor miedo!

—Cuando hayas terminado de contarle todo eso de lo que hemos hablado, sería una buena idea que le digas que preferirías que fuese menos provocativa, que eso te ayudaría a controlar tus miedos, pero que le corresponde a ella asumir las consecuencias de tus miedos. Si elige vestirse de otro modo, debe hacerlo para complacerte y en total libertad. Pregúntale cómo podría hacerles frente a las consecuencias si un día se quedase embarazada como tú temes, y no necesariamente a consecuencia de una agresión. Tomaos el tiempo que sea necesario para especificar juntas las consecuencias posibles, anotadlas y analizad cómo podríais gestionar cada una, sobre todo las más difíciles.

—¿Mario debería intervenir en esa conversación?

Él se apresura a responder antes de que yo abra la boca.

—¡Ah, no, no, no voy a meterme en ese asunto! Sabes que estaría muy incómoda hablando de todas esas cuestiones delante de mí. Son asuntos de mujeres, ¿verdad? —añade mirándome.

—Es verdad que son asuntos de mujeres, pero, si te enterases de que tu hija está embarazada, pasaría a ser también asunto tuyo. Estoy segura de que no te quedarías indiferente. Pero estoy de acuerdo en que no estés presente cuando tenga lugar el diálogo entre Anna y Sandra. Tu miedo a que tu hija no se sienta cómoda indica que tú también estarías incómodo hablando de estos asuntos delante de ella, y eso a ella podría afectarle.

»¿Cómo ves, en cambio, que estés presente en la redacción de las posibles consecuencias? Eres hombre y padre, seguro que se te ocurren consecuencias diferentes. Te aconsejo que pienses en esto, y si prefieres hablar con tu hija a solas una vez que hayas visto cómo ha ido todo con Anna, perfecto. Sería una buena ocasión para contarle tus miedos sobre ese asunto y cómo vivirías que ella se quedase embarazada. Te aconsejo que reflexiones sobre tu miedo a que sufra una agresión sexual y tu miedo a actuar violentamente desde ahora hasta nuestro próximo encuentro, y que intentes descubrir de dónde proviene.

»Puesto que nos volveremos a ver dentro de dos semanas, Anna, hay tiempo para que mantengas esa conversación con tu hija. Veo en tus ojos que dudas de que vaya bien, pero si no pasas a la acción, sabes tan bien como yo que la situación actual no va a cambiar. ¿Estás preparada para plantarle cara?

Algunas lágrimas le recorren la mejilla. Mira a Mario, que le toma la mano para tranquilizarla. Me hace un gesto con la cabeza para mostrarme que lo hará.

—¿Y tú, Mario? Me contaste que habías vivido una situación difícil con tu hijo. ¿Quieres hablar de eso ahora?

—Sí. Gracias. Lo que pasé con David me impide conciliar el sueño por la noche. No entiendo por qué me afecta tanto. Verás, todo comenzó cuando empezó sus estudios de Contabilidad. Yo fui quien se los pagó, y me sacrifiqué mucho para conseguirlo. Al final de su formación, encontró un empleo en una gran firma y se puso muy contento. Mi padre no me pagó mis estudios universitarios y me prometí a mí mismo que yo sí lo haría con mi hijo. Estaba feliz: había alcanzado mi objetivo con él. Me decía que mi papel de padre con él había finalizado, que ya era adulto, que tenía una profesión estable y rentable, y que de ahí en adelante la vida le sería más cómoda.

»Nunca sabemos lo que nos tiene reservado el futuro, ¿verdad? Un año más tarde, decidió que no le gustaba aquella profesión y dejó su empleo, sin saber siquiera lo que haría en su lugar. Su hijo pequeño no tenía ni un año y su mujer había vuelto al mercado laboral. No me informó él mismo de su decisión, lo supe por uno de sus colegas cuando llamé a su despacho para hablar con él. ¿Puedes imaginarte lo que sentí al recibir la noticia por parte de un extraño de que mi hijo no trabajaba allí desde hacía dos meses? Como no me lo creía, le insistí al joven para que lo comprobara. Quizá era nuevo y no conocía a nadie en la empresa aún. Me respondió entonces con un tono seco: «Señor, no necesito ir a comprobarlo. Conozco perfectamente a David y puede creerme: él mismo presentó su dimisión. Cada día que pasaba se sentía más infeliz aquí. Ser contable no le motivaba, eso es todo».

»Me quedé en estado de *shock* varios días. Finalmente llamé a mi hijo y le pregunté si todo iba bien. Me respondió que sí y añadió que no se había atrevido a decírmelo por miedo a herir mis sentimientos. Le dije muy enfadado: «No comprendo por qué no te diste cuenta durante tus estudios en ningún momento de que no te gustaba. ¿Eres consciente de todo el tiempo que has invertido para hacerte contable y de todo el dinero que he tenido que desembolsar para que lo fueses?». Por suerte no lo tenía al lado, porque no sé qué le habría hecho. Me aseguró que lo sentía mucho, pero que trabajar en una empresa de contabilidad, con la nariz pegada a los números durante todo el día, no se parece en nada a ir a la universidad. De todas formas, visto el estado en el que me encontraba, no quiso contarme más. Me pidió que me calmara y me prometió que vendría a verme dos días después para hablarlo. Escuché con atención lo que me dijo y percibí que él también se sentía muy mal con la situación.

»Lo que te cuento pasó hace cuatro años. ¿Sabes en qué trabaja ahora? ¡Camarero en un restaurante! Dice que así es feliz, que se lleva muy bien con su jefe y sus compañeros, que gana un buen sueldo. Me dijo: «Papá, ¿por qué no puedes aceptar que es este el oficio que voy a tener de momento? Trabajo los jueves, los viernes y los sábados, y gano el dinero suficiente para vivir. Es un restaurante bien considerado y recibo buenas propinas. El trabajo me permite pasar mucho tiempo con Nicolás y me ahorro los gastos de guardería. Además, Michelle está de acuerdo con mi elección. ¿Por qué no puedes estar feliz si te digo que yo lo estoy?».

»Sé que tiene razón. Debería estar feliz si él lo está, pero soy incapaz. Cuando alguien me pregunta en qué trabaja mi hijo, no me sale decir que es camarero; respondo que es contable y cambio de tema. ¿Por qué eligió ese trabajo? Según yo, cualquier idiota puede trabajar en eso. ¡Es degradante! Hablando claramente, siento vergüenza.

»Cada vez nos vemos menos, pues cuando nos reunimos no puedo evitar preguntarle si ha decidido qué profesión quiere tener en el futuro. La última vez que lo vi, hace dos semanas, me dijo: «Ya basta, papá. Mientras más me hablas de eso, menos ganas tengo de cambiar de trabajo. ¿Cuándo vas a dejarme en paz con ese asunto? Tú tienes el trabajo que quieres y yo no digo nada. Si sacas otra vez este tema, te juro que no me verás más. Es la última vez que me hablas de este asunto, ¿vale? Si alguna vez decido hacer carrera en otro terreno, ya te lo contaré. ¿Está claro, de una vez por todas?». ¿Cómo puedo aceptar esa decisión? Aunque me repito centenares de veces que debería olvidarme de todo eso, no lo consigo.

—Lo que entiendo es que hiciste grandes sacrificios para pagar los estudios de tu hijo y él ha decidido cambiar de oficio. Hay varias cosas que parecen molestarte: haber desembolsado tanto dinero para nada; que no sea un profesional como habías soñado siempre; que haya elegido un oficio degradante y vergonzoso, según tú, y que haya tomado esa decisión sabiendo bien que no te iba a gustar. ¿Qué te molesta más de lo que acabo de enumerar?

—Todo me molesta.

—En una escala del uno al diez, ¿cuál sería el problema que tiene más importancia para ti? Dime la primera cifra que se te venga a la cabeza cuando te repito lo que parece molestarte.

—Siento pararme tanto a pensar, pero no estoy acostumbrado a este tipo de pregunta. Creo que lo que más me molesta es el hecho de que esté trabajando en algo para lo que no se precisa estudio alguno.

—¿Cómo te sientes con este problema?

—Siento que he fracasado como padre. En algo he fallado para que tenga tan poca ambición. Siempre le he dicho que es importante para un hombre tener sus estudios y prepararse para el futuro.

—Voy a plantearte la misma pregunta que le hice a Anna hace un rato. Ahora que sabemos cuál es el verdadero problema en esta situación, ¿qué es lo que quieres conseguir?

—Voy a darte la misma respuesta que Anna. Quiero ser capaz de sentirme bien conmigo incluso si mi hijo decide seguir siendo camarero toda su vida y quiero dejar de sentir vergüenza de él. Quiero también saber por qué me cuesta tanto aceptar esta situación.

—Ya sabes que trabajo mucho con las heridas del alma, ¿verdad?

—Sí, sí, Anna me contó mucho de esto cuando siguió ese taller. Desde la primera visita aquí, hace algunas semanas, ha releído el libro sobre las heridas para recordar bien todos los conceptos. Después del último encuentro que tuvimos, yo también decidí leerlo. Debo admitir que tendré que echarle otro vistazo, porque me reconozco en todas. ¿Es eso normal? —añade él riendo.

—Sí, escucho a menudo este comentario. Al ego le cuesta mucho captar las diferencias entre las heridas. Cualquier investigación sobre sí mismo es muy molesta para el ego. Es muy normal estar confundido al principio. Dime, entonces, ¿esa situación con tu hijo despierta en ti tu herida de rechazo o de injusticia?

—Creo que es la de la humillación, porque siento vergüenza de él.

—Tu cuerpo me dice que no, que no sufres la herida de la humillación. Por otro lado, cuando vuelvas a leer el libro, te darás cuenta de que esta herida está mucho más asociada a todo lo que tiene que ver con los cinco sentidos físicos. Además, como bien digo en esa obra, las heridas de rechazo y de injusticia son despertadas, en tu caso por ser hombre, por tu padre. Por esa razón solo he mencionado esas dos heridas. ¿Cuál de las dos te corresponde según tú?

—Me siento rechazado por mi hijo cuando no quiere escuchar mis consejos y cuando siente que no quiere ser como yo. Me lo ha dicho varias veces. Encuentro injusto que haya tardado tanto en darse cuenta de que no amaba el oficio de contable. Habría podido ofrecerme el reembolso de una parte de los gastos de esos estudios que yo había pagado al contado para nada. Se acaba de comprar un coche muy bonito y caro, por lo tanto sé que está bien de dinero. Por otro lado, pienso que su mujer y él están viviendo demasiado por encima de sus posibilidades. Espero que no se estén endeudando y que no sea yo quien les tenga que sacar de un apuro algún día. No me atrevo a hablar de este asunto. ¡Hay mucho de su trabajo que me molesta!

—Entonces, el verdadero problema sobre el que debes trabajar no es que él sea camarero en lugar de contable, sino el rechazo y la injusticia que sientes. ¿Te acuerdas de que hace un rato dijimos que cuando acusamos a alguien de algo, esa persona nos acusa de lo mismo? Esto quiere decir que tu hijo te acusa de que lo rechazas y de que eres injusto a ese respecto, y que en el pasado acusaste a tu padre de rechazarte y de ser injusto contigo. ¿Estás dispuesto a que vayamos más lejos en este asunto?

—Yo no me habría atrevido nunca a hablarle a mi padre como mi hijo me habla. Además, si mi padre hubiera invertido tanto en mí, le habría ofrecido devolverle al menos la mitad de ese dinero. ¡Sería lo más justo!

—¿Estás seguro de que nunca has sentido que tu padre era injusto o que nunca te has sentido rechazado por él? Háblame de tu padre. En el cuestionario que os pasé me decías que murió cuando tenías catorce años. ¿Cuál era vuestra relación, sobre todo durante tu adolescencia?

Mario duda. Parece muy emocionado. Parece que le cuesta hablar de este asunto. Después de un largo minuto de duda, se pone al borde de la silla, se inclina, apoya los codos en las rodillas y mira al suelo.

—Nunca he hablado de esto. Fue un periodo muy difícil para mí y para toda mi familia. Fue muy injusto que se fuera así, dejando a mi madre sola con cuatro niños. Soy el primogénito y tenía catorce años cuando falleció. Mi hermana más pequeña tenía solo seis. Mi padre tenía un seguro de vida, pero mi madre tuvo que hacer juegos malabares para que saliésemos adelante. Tuve que dejar de estudiar a los diecisiete para ayudar a mi madre, y aceptar el primer empleo que me salió, con tal de aportar dinero a la casa.

»¿Sabes cuál era mi sueño? ¡Ser abogado! El año anterior a la muerte de mi padre, se lo conté y se rio de mí; de hecho, se partió de la risa. Eso me hizo tanto daño que en ese momento hubiera querido saltarle encima.

—¿Te sentiste rechazado?

—¡Evidentemente! No se anduvo con rodeos al decirme que no tuviera esos aires, que fuera menos pretencioso y que, de todas formas, no tendría éxito en el colegio solo por apuntar tan alto. Después, me dejó muy claro que no pensaba gastar un céntimo de su dinero en eso, porque, en su opinión, todos los abogados eran unos ladrones. Ya no le hablé más de ese proyecto, pero me prometí a mí mismo que lo conseguiría, a pesar de él.

»¿Por qué tuvo que morir tan joven? Tenía cincuenta años y era camionero. Un día de invierno, después de conducir durante dieciocho horas por culpa de una tormenta de nieve, devolvió su camión a la compañía y regresó a casa a las cuatro de la mañana. No podía meter el coche en el garaje por la nieve que se había acumulado allí. Aquel día estaba prohibido aparcar en la calle porque estaba previsto que pasaran para quitar el hielo a las ocho. Como quería dormir varias horas y no tener que levantarse para mover el coche, entró en casa, se comió un sándwich y avisó a mamá de que iba a quitar el hielo de la entrada. Mamá se volvió a dormir. Al despertarse y no ver a papá, salió y se lo encontró muerto, tendido en el suelo al lado del coche. Había tenido el tiempo justo para terminar de quitar el hielo, aparcar el coche en su sitio y cerrarlo con llave, antes de caer desplomado.

Mario se pone derecho y nos mira con los ojos llenos de lágrimas. Le ofrezco un pañuelo y un vaso de agua. Se recupera un poco y continúa:

—Me has preguntado si había vivido injusticias. ¿Te parece suficiente con esta? No he vuelto a vivir nada semejante después. Vi que todos mis sueños se derrumbaban. ¿Por qué tenía, además, que ser el hijo mayor de la familia? En ese momento decidí dejar de ir a misa. No quería saber nada de un Dios que se divertía castigando a la gente de ese modo. Comencé a reconciliarme con Él únicamente después del curso Escucha a tu Cuerpo. Me ayudó a convencerme de que ese Dios castigador no existía y a disminuir el enfado que viví desde esa edad.

—Entonces, ¿podrías admitir que acusaste a tu padre de ser injusto y de hacer que te sintieras rechazado por él? Es una lástima que falleciese, pues habrías podido aprender cosas interesantes sobre lo que él mismo había vivido con su propio padre.

—Nunca habló mucho de su padre. Todo lo que recuerdo es que mi padre era joven también cuando mi abuelo murió por culpa de una peritonitis. Solía repetir que a su padre le gustaba mucho leer, que no hacía gran cosa en la casa, que su madre tenía que ocuparse de todo y repetía que no sería nunca como su padre. ¡Vaya! Acabo de establecer una relación. ¡Por eso papá no quería que tuviese estudios universitarios y escogió el oficio de camionero!

»Nunca se lo dije, pero muchas veces pensé que no quería ser como él. Lo veía grosero, vulgar incluso. A sus amigos camioneros y a él les gustaba contarse chistes muy verdes cuando se reunían. Comían como cerdos y bebían mucha cerveza. El padre de un amigo mío era médico. Cuando iba a su casa, veía que sus padres tenían mucha clase y a mí me gustaba eso. Pensaba que un día tendría un oficio noble y reconocido, que yo también tendría clase y que mis hijos estarían orgullosos de mí.

Mario se para, tiene un nudo muy grande en la garganta. Finalmente se pone a llorar a lágrima viva. Anna se levanta, se dirige hacia él y lo toma por el cuello. Llora con él.

—Mi tesoro, estoy muy contenta de que puedas hablar de tu padre. Estoy segura de que no es fácil para ti. Siempre te has negado a hacerlo cuando te hacía preguntas. ¿Prefieres que salga para dejarte a solas con Lise? ¿Sería así más fácil para ti?

Mario continúa llorando. Poco a poco se va calmando. Dice que no con la cabeza y aprieta fuerte la mano de Anna. Aprovecho para salir del despacho y dejarlos solos algunos minutos. Cuando vuelvo, Mario continúa abriéndose:

—Al hablar me he dado cuenta de que no quería ser como mi padre. Tienes razón, Lise: la historia se repite generación tras generación. Ya comprendo mejor por qué mi hijo no quiere parecerse a mí. ¿Por qué es tan difícil que haya una buena relación entre padres e hijos? ¿Cuántas generaciones harán falta para que todo vaya bien?

—Conoces la respuesta, ¿verdad?

—¿Quieres decir que todo irá mejor cuando haya aceptación? ¿Quién debe aceptar, mi hijo o yo? En cuanto a mi padre, como está muerto, nada puede hacerse al respecto. ¿En este caso qué hay que hacer?

—No es necesario que todas las personas implicadas en una situación lleguen a la aceptación a la vez. Lo maravilloso en este asunto de la aceptación y del amor incondicional es que cuando una persona alcanza la aceptación total, las otras que están implicadas en la situación reciben la energía necesaria para lograrlo también. Es tal el amor y la luz que emite una persona que acaba de aceptarse que se extiende a los demás. En general, el proceso es invisible, pero muy poderoso.

»En tu caso, no tienes que preocuparte por tu hijo o por tu padre, ni siquiera por tu abuelo; solo tienes que hacerlo para ti. Ya verás las repercusiones que va a tener. Aunque tus abuelos no estén aquí ya, sus almas sí reciben esa información, y eso los ayuda, estén aún en el mundo del alma o se hayan reencarnado. Además, esta gran reconciliación tiene un impacto sobre las generaciones futuras.

»Firmar la paz con tu hijo influirá directamente en la relación que existe entre su propio hijo y él.

»En efecto, lo más importante es hacerlo por ti al principio, lo que quiere decir que, en primer lugar, debes darte el derecho de haber rechazado a tu padre y a tu hijo, y de haber sido injusto con ellos. Te repito: los otros nos acusan de aquello de lo que nosotros los hemos acusado. Lo más difícil de admitir es que nos acusamos a nosotros mismos. Nuestro ego nos impide aceptar que pudimos actuar de la misma manera que aquellos a los que acusamos. Por esa razón no nos damos cuenta de que nos estamos acusando a nosotros mismos.

—Lo que estás explicando es muy interesante, pero ¿cómo se consigue? Siempre he sabido que habría preferido no ser perturbado por la elección de mi hijo. Aunque ensayo el método de perdón que enseñas en tu curso, cada vez que quiero hacer algo parece como que hay un pequeño demonio en mí que me lo impide. Me confirma que es mi hijo quien está equivocado y que no es a mí a quien le corresponde cambiar de parecer. No digo que tu método no sea bueno: lo he probado con un vecino y ha funcionado. Con mi hijo es otra cosa.

—Es cierto que, con algunas personas, sobre todo con nuestros familiares, es más difícil. Pero lo más complicado es aceptarse a uno mismo. Cuando nos cuesta mucho reconciliarnos con otra persona es simplemente porque esa persona nos recuerda de una manera clara que no podemos aceptarnos a nosotros mismos. Por eso te recomiendo que hagas las paces con los demás primero; eso te ayudará a hacerlas contigo mismo. Mi consejo es que trates de reconciliarte con tu hijo, siguiendo los mismos pasos que le indiqué antes a Anna. Para ayudaros a ambos, os voy a pasar el documento* donde están especificadas las siete etapas del perdón y de la reconciliación. Eso os ayudará a prepararos mejor.

Les doy tiempo para que lean la lista y empiezo a ver que se emocionan mucho.

---

* Puedes encontrar este documento del que hablo en la página 251.

—¿Cómo te sientes, Mario, con la idea de cumplir estas etapas con tu hijo?

—No sé muy bien qué responder ahora mismo. De lo que estoy convencido es de que deseo que esta situación cambie, ya estoy harto. ¿Puede ser que este problema me esté quitando toda mi energía?

—No puedo responder a esa pregunta, puede haber otros factores. Lo cierto es que cada rencor que le tengas a alguien te quita energía. Por otro lado, todo lo que vivamos en el mundo físico, en el emocional y en el mental que sea contrario a las grandes leyes del amor reduce nuestra energía. Cuando no prestamos atención a nuestras necesidades ni respondemos a ellas en cada una de estas tres dimensiones, nos desconectamos de nuestra energía natural y la tomamos de nuestras reservas. Está claro que desde hace algún tiempo tus reservas de energía están bajas. Quizá tengas una respuesta a tu pregunta cuando hayas completado tu proceso de aceptación. No me sorprendería que te subiera mucho el nivel de energía después, se produce en numerosas personas tras una reconciliación. Incluso hay quien se ha recuperado de una enfermedad o de algún malestar después de una aceptación completa. Volveremos a hablar de este asunto en otra ocasión.

»Vuelvo a la pregunta que hacía antes: ¿qué sensaciones os vienen al pensar que vais a comenzar este proceso de aceptación, tú, Anna, con tu hija, y tú, Mario, con tu hijo? Buscad dentro de vosotros.

—A mí me resulta estimulante —responde inmediatamente Anna—, pero admito que tengo mariposas en el estómago. Al mismo tiempo, tengo miedo, aunque no comprendo por qué; después de todo, Sandra es mi hija, no puede lastimarme. Solo pensar en estar con ella hace que se me expanda el pecho, como si se estuviera desplegando. Es una buena sensación. Estoy segura de que el miedo no va a ganar la partida. Siento que tengo el valor necesario para hacerlo.

—Yo —interviene Mario— lo único que sé es que me siento vacío en este momento y que, al mismo tiempo, estoy mejor. Sobre todo en calma, ahora que descubro por qué estoy viviendo esta situación con mi hijo. Tengo el convencimiento de que debo hacer algo y que, si pongo en práctica este método que nos propones, no hay nada que perder. Solo pensar que puedo estar bien con David cuando nos volvamos a ver, que haya buenas vibraciones entre nosotros, me llena de felicidad. Siento que es difícil que eso pueda ocurrir, pero estoy preparado para poner toda la carne en el asador. Espero que él también lo haga. ¡Sí, Lise! He comprendido todo lo que has dicho antes: si no lo acuso estará dispuesto a escucharme, pero ¿qué ocurrirá si lo hago a pesar de todo? ¿Voy a echarlo a perder de nuevo?

—¿Te has escuchado? ¿«Voy a echarlo a perder de nuevo»? Ten cuidado con lo que te dices. Podrías comenzar por decirle a tu hijo que por el momento tienes mucho miedo de meter la pata como padre, que estás en proceso de cambio. Se trata de eso: acoger el miedo es ir con él. No quiere decir que estés de acuerdo, sino más bien que reconoces que este miedo te pertenece por ahora, que un día llegarás a creer que eres un buen padre y que actúas siempre según tus capacidades y tus conocimientos. Poco a poco, a medida que aprendas a aceptarlo, este miedo disminuirá. Solemos pensar que, si lo aceptamos, va a aumentar, pero es justo lo contrario. Es un fenómeno imposible de comprender con el intelecto, pues la ley de la aceptación es una ley espiritual, no mental.

»Por lo tanto, si te encuentras frente a tu hijo y en un momento dado él se siente acusado y se enfada, sabrás que para ti la aceptación no es aún completa, que una de las etapas no la has pasado aún; en general, la del perdón a uno mismo. Es difícil aceptar que hemos hecho a los demás lo que les criticamos. La aceptación será total solo cuando te concedas el derecho a haber sido injusto y a haber rechazado a tu padre y a tu hijo en el mismo grado en que ellos lo han hecho. Si no logras llegar a eso ahora, es que la partida sigue en juego. Dile a tu hijo que todavía no ha conseguido perdonarte y que os volveréis a ver de nuevo. A veces las situaciones son tan dolorosas que hace falta mucho tiempo para llegar a una aceptación plena. Recuerda lo más importante: la intención es lo que cuenta, lo que quieres terminará por suceder. ¡Pero no olvides lo que quieres!

»Nos despedimos ya. Os deseo buena suerte en vuestras respectivas charlas. Nos volveremos a ver dentro de dos semanas.

RECUERDA...

♡ Cuando vivimos emociones es porque hemos creado expectativas sin haber llegado a acuerdos con la otra persona.

♡ Esperar algo de alguien solo es legítimo cuando ha habido un acuerdo claro entre las dos personas.

♡ Es importante que en casa —tal como se hace en el trabajo— cada miembro de la familia sepa exactamente cuáles son sus tareas.

♡ Cuando surge un dilema entre dos posibilidades, aconsejo comprobar en una escala del uno al diez cuál de las dos hace sufrir menos.

♡ Cuanto más se acepten los padres a sí mismos, más se aceptará su hijo y menos este querrá adoptar comportamientos contrarios a los suyos para hacer que reaccionen.

♡ Cuando hay un compromiso o un acuerdo entre dos o varias personas, lo aconsejable es establecer a la vez las consecuencias que hay que asumir si cada una de ellas no cumple con su palabra. Establecer las reglas es ser firme, no rígido ni autoritario.

♡ Cuanto más injustamente se comporta una persona, más injustamente la tratan los demás. La mayoría de nosotros no sabemos por qué nos juzgan de ese modo, pero eso sucede así, a pesar de todo.

♡ Aceptar a otra persona significa permitirle SER lo que quiera y no permitirle HACER lo que quiera, sobre todo si lo que hace invade nuestro espacio.

♡ Nunca tenemos miedos por los otros, sino por nosotros mismos.

♡ El verdadero problema en cada situación es el miedo que sentimos por nosotros.

♡ La ley de la manifestación dice que cuanto más canalizamos la energía sobre una cosa, más se manifiesta. Cuanta más energía usemos en no ser otra persona, más lo seremos. Esta ley debe ser utilizada para crear solo lo que queremos.

♡ Todo lo desagradable que atraemos de nuestros familiares está ahí para hacernos conscientes de un proceso de aceptación que no se completó cuando fuimos jóvenes. Los nuestros no están ahí para hacernos sufrir, sino más bien para dirigirnos hacia el amor verdadero. Atraemos experiencias difíciles de aceptar con personas del mismo sexo que el padre o madre con el que hemos vivido experiencias parecidas y no aceptadas a lo largo de nuestra juventud.

♡ Cuando acusamos a alguien de algo en particular, este nos acusa de lo mismo. Además, nos acusamos del mismo modo que acusamos a nuestro padre o madre en el pasado. Es difícil reconocer que lo hacemos, porque nuestro ego no quiere admitir que hayamos podido actuar de ese modo.

♡ Cuando recorremos nuestro proceso de aceptación con otra persona, todos los implicados en el problema —y esto durante generaciones— reciben la energía necesaria para aceptarlo a su vez. Este proceso se completa solo en el momento en que podemos perdonarnos y permitirnos, sin juzgar, habernos comportado como lo hicimos en ese momento.

♡ Es bueno admitir un miedo; eso nos ayudará a aceptarlo. Cuanto más lo aceptamos, más disminuye, al contrario de lo que el ego se cree.

♡ El hecho de que encontremos muy difícil reconciliarnos con otra persona es simplemente porque esa persona nos recuerda de una manera dolorosa lo que no podemos aceptar de nosotros mismos.

Capítulo 4

MANERAS PRÁCTICAS DE ACEPTARSE

—¡Qué sonrisa más bonita traes esta mañana, Anna! Me parece que tienes prisa por contarme algo bueno... Es una pena que Mario no esté con nosotras hoy. No pasa nada. Comprendo lo que me explicó por teléfono, que necesite más tiempo para completar el proceso de aceptación de su hijo.

»Te escucho. ¿Cómo fue tu charla con Sandra?

—Necesité varios días para atreverme a hablarle. Practiqué sin parar mentalmente lo que le diría. Al final, me estresé tanto que pensé: «¡A ello, que pase lo que Dios quiera!». Cuando le conté que quería que habláramos se puso a la defensiva. Solo se relajó cuando le especifiqué que quería hablarle sobre mí, mi adolescencia y las relaciones que acababa de descubrir con ella.

»Aprovechamos que el domingo hacía buen tiempo para sentarnos en la terraza de atrás a desayunar, sabiendo que teníamos todo el tiempo del mundo para hablar, porque Mario nos había dejado solas con el pretexto de que tenía que hacer unas compras. Procedí como me aconsejaste y, para gran sorpresa mía, me escuchó con atención. Mostró interés por lo que yo había vivido durante mi adolescencia. Además, me hizo varias preguntas que me sorprendieron.

»Le expliqué que había comprendido que acusarla de ser injusta significaba que ella también me acusaba a mí de lo mismo. Poco a poco fue abriendo los ojos y una sonrisita apareció en sus labios. Le pregunté si le gustaría contarme en qué momento le había parecido injusta y me contestó: «¿Seguro que quieres saberlo? Creo que vas a sorprenderte». Insistí, asegurándole que quería escucharlo todo y que estaba completamente decidida a llegar al fondo del problema.

»Me dio varios ejemplos que me cortaron el aliento. Me costó no interrumpirla. Finalmente conseguí relajarme y escucharla poniéndome en la piel de ella, como adolescente. Lo que más me sorprendió fue que encontraba injusto que vigilara siempre lo que comía, cuando le digo que debe prestar atención a su salud y sobre todo a su talla. Me dijo: «Por una parte quieres que tenga una buena talla y por la otra no quieres que sea sexi. Lo más absurdo es que tú misma no prestas atención a lo que comes y que cada año estás un poco más gorda. Debes admitir que es difícil seguirlo». No me estaba dando cuenta de hasta qué punto le estaba vigilando la alimentación. Le di muchas vueltas a ese asunto después de aquella conversación. Me gustaría abordar este asunto contigo hoy, cuando termine de contarte mi conversación con Sandra.

»En resumen, fue todo muy bien. Lo más sorprendente es que le dije qué actitud deseaba que adoptara teniendo en cuenta los miedos que yo aún tenía, pero no le exigí que prometiera nada. Me di cuenta de que ella estaba mucho más preparada para aceptarlo de lo que creía. Cinco días después ya se respiraba diferente en casa. Sandra se viste de la misma forma, pero, y es curioso, la encuentro más natural, no tan provocativa como antes.

»Cuando le confesé mi miedo a que se quedase embarazada y a tener que asumir las consecuencias, no salió de su asombro: «Pero vamos a ver, mamá, ¡no soy tan idiota! Nunca he hecho el amor. Cuando decida hacerlo, sabré protegerme. Te dije que en clase nos pasaron un documental sobre este asunto; incluso asistimos a una conferencia que daba una señora que fue muy interesante. ¡Deja de preocuparte por mí!». Le respondí que, desgraciadamente, mi inquietud no desaparecería así como así, cuando yo quisiera.

»Añadí: «Aunque no creas que podrías quedarte embarazada sin quererlo, ¿estarías dispuesta a hacer, conmigo, una lista de las consecuencias posibles, por si llegara a suceder? Que estés al corriente de todas las consecuencias me tranquiliza. Por el momento, que establezcamos cómo podríamos gestionar juntos la situación es lo único que puede ayudarme a sentirme menos intranquila». Dudó, pero después me dijo que aceptaba, pero que prefería hacer su lista sola y después compararla con la mía.

»Ayer tarde nos enseñó su lista. Lo curioso es que pensó en cosas diferentes a las que me vinieron a mí a la mente, como el hecho de que perdería su estilizado cuerpo, que sentiría vergüenza, etc. Fue muy agradable poder hablar con tanta libertad los tres. Admitió que le pareció genial que le hablásemos como si fuera adulta y que la escucháramos. Nos acostamos muy tranquilos, Mario y yo. Espero que eso calme mi miedo. La veo tan informada y consciente que sé que es imposible que le pase nada. ¡Qué contenta estoy!

»Por la mañana, volví a pensar en nuestro encuentro de la tarde anterior y me di cuenta de que había sido una irresponsable al creer que tenía que asumir las consecuencias de que mi hija se quedase embarazada. ¡Yo, que siempre he creído ser tan responsable! Sabía que ser razonable era asumir las consecuencias de mi decisión, pero por fin he comprendido que eso quiere también decir dejar que los demás asuman las consecuencias de sus propias elecciones. Yo también era una irresponsable cuando le pedía que se vistiera de otro modo. La obligaba a sufrir las consecuencias de mi miedo.

»¡Cuánto me ha ayudado comprender por fin lo que es ser responsable! Por ejemplo, si come lo que sea o demasiado, le tocará a ella asumir las consecuencias. Mi papel de madre es instruirla sobre diferentes asuntos, ponerla al corriente de las consecuencias posibles, y después dejar ir, dejar que tome sus propias decisiones. ¡Uff! ¡Cuánto bien me hace todo esto! Solo haber descubierto eso hace que me sienta mucho menos culpable y estresada en mi papel de madre. Comprendo ahora lo que querías decir en el curso, cuando mencionaste varias veces que, cuando no somos responsables, nos sentimos culpables. ¡Sería tan útil aprender todo esto desde nuestra infancia!

—Lo que acabas de decir lo he escuchado cientos de veces. No sirve de nada lamentarse en la vida, pues ninguna persona puede saber por qué nos aferramos a ciertas creencias en un momento dado. Limitémonos a ser agradecidos y felices de haber llegado a donde hayamos llegado. En lo que sí estoy de acuerdo es en que estos conceptos deberían enseñarse a todo el mundo desde la infancia. Tengo mucha fe en que ese día llegará. Lo que acabas de hacer con tu hija es un pasito adelante. Has hecho que experimente lo que es responsabilizarse y cómo reconciliarse. Es un buen avance, ¿verdad? Si se progresase así generación tras generación, conseguiríamos vivir en armonía un día.

»Pasemos a otra cosa. Has mencionado hace un momento que querías hablar de alimentación. ¿Qué te ocurre?

—No es de alimentación de lo que quiero hablar, sino más bien de peso. Cuando Sandra sacó el tema, enrojecí de vergüenza. Sentí un pellizco en el pecho y que el corazón me palpitaba con fuerza. Debo rendirme a la evidencia: ganar peso me molesta mucho más de lo que pensaba. ¡Solo tengo treinta y ocho años, y si continúo engordando cada año, pareceré un elefante de sesenta! ¡Dios mío! Mi madre acaba de celebrar precisamente sesenta y, la verdad, la encuentro demasiado gorda. También lleva engordando desde hace muchos años. Se pasa el tiempo diciendo que mi padre la quiere por lo que es y no por su cuerpo, que eso no le molesta. No comprendo cómo puede aceptarse así. Cuando era adolescente, me decía a mí misma que jamás engordaría tanto como ella. Estaba tan delgada que estaba segura de que no llegaría nunca a eso. Pero cuando echo la vista atrás veo que mamá no tenía tantos kilos como tengo yo hoy.

—¿En qué momento te diste cuenta de que estabas aumentando demasiado de peso?

—Hace unos diez años. Me hicieron una histerectomía. Como sobrevinieron otras complicaciones durante la operación, estuve convaleciente durante seis meses. Ahí engordé algunos kilos. Creía que había ocurrido porque no me mantuve suficientemente activa. La realidad es que nunca he llegado a recuperar mi peso de antes de la operación. Después, al volver a mi trabajo, engordé menos rápido, pero desde hace diez años peso veinte kilos de más. No me atrevo a hablar de este asunto con nadie. Hago todo lo posible por ocultar mis michelines con la ropa, incluso me pongo esas mallas que te hacen parecer más delgada.

Desde que Sandra hizo ese comentario sobre mi gordura, me di cuenta de que no era tan espantoso como me lo pintaba, que hay mujeres con muchos más kilos que yo. Sin duda actúo como mi madre. ¿Puede ser que mi madre también esté molesta con sus kilos y no quiera verlo?

—Antes de hablar sobre la relación con tu madre, dime cómo te sienta haber engordado. ¿Qué es lo peor que te puede ocurrir en esta situación?

En cuanto termino la pregunta, se le llena la cara de lágrimas, el labio inferior comienza a temblarle y se retuerce las manos. Se acurruca sobre ella misma y, con voz ahogada, me dice:

—Lo peor sería que Mario deje de desearme, conozca a otra mujer y me deje.

Al pronunciar estas palabras, se pone a sollozar. Le aconsejo que respire profundamente varias veces y que me diga en qué parte de su cuerpo puede localizar el dolor emocional que está viviendo.

—En el bajo vientre —me dice.

Le enseño a observar este dolor en su vientre con la técnica ABANDONO. *Poco a poco, se tranquiliza y puede empezar a describir lo que está viviendo y lo que está sintiendo.*

—¡Dios mío! ¡No me lo puedo creer! Volvemos a la casilla de salida, ¿verdad? ¿Te acuerdas de cuando vine por primera vez? Te confesé el miedo que tenía de que Mario me engañase y me dejase. Cuando decidí hablarte de mi peso, no podía pensar que tuviese algo que ver con este miedo. ¡Es increíble hasta qué punto puede una engañarse! Ahora me doy cuenta de que estoy engordando, de que tengo miedo de perder a Mario, de que tengo miedo de ganar tantos kilos como mi madre. ¿Cómo puedo gestionar todo esto?

—Eres como la mayoría de la gente con la que me encuentro: cuando te haces consciente de un problema, quieres *hacer* algo para deshacerte de él.

—¿No es normal querer que todo esto acabe? No quiero vivir más así. ¡Si supieras cuántas veces me he prometido dejar de comer dulces o dejar de beber chocolate caliente! Es más fuerte que yo, no puedo resistirme. Ya sé lo que me vas a decir: que deje de comprarlos para evitar la tentación. No puedo, porque a Mario y a Sandra también les gustan. ¿Por qué yo engordo comiendo eso y ellos no? ¡Es injusto!

Anna me mira sorprendida cuando empiezo a reírme.

—No, no me río de ti —la tranquilizo—, sino por lo divertido de tu reacción, tan previsible. Si supieras cuántas veces he oído esas palabras... ¿Crees sinceramente que engordas por culpa de los dulces y el chocolate caliente? ¿Sabes? Ciertas personas pueden comer como ogros sin parar y no engordar ni un kilo. La ciencia dirá que esas personas tienen un metabolismo rápido, contrario al de la gente que gana kilos más fácilmente.

»Hace cuarenta años que llevo investigando el cuerpo humano. Estoy convencida de que todas las funciones físicas de nuestro cuerpo están influenciadas por nuestra parte mental y emocional. Por ejemplo, el corazón no puede ponerse a latir solo, necesita un impulso mental o emocional para acelerar su ritmo. ¿Por qué, en tu opinión, ciertas personas engordan más que otras, tienen un metabolismo rápido o lento? Se debe a su modo de pensar sobre los alimentos. Cuando te comes un dulce, ¿te sientes culpable?

—¡Por supuesto! Sobre todo, cuando no paro y me digo, por quinta, sexta vez, que es la última. Intento convencerme de que tengo que parar y enseguida encuentro una razón para continuar; me digo, por ejemplo: «No he comido pan en el almuerzo», «Esta galleta tiene menos azúcar» o «Mañana no me como ninguna». No te he dicho lo peor: Mario, que conoce mi afición por lo dulce, suele traerme algunos de vez en cuando. A veces discuto con él, lo acuso de querer hacer que engorde. ¿No será que busca alguna razón para dejarme?

—Esa es la razón por la que los dulces tienen ese efecto sobre ti. ¿Te estás dando cuenta de todos los miedos y culpabilidades que el hecho de comerlos despierta en ti? Privarte de ello no es la solución. Ahora que sabemos que el problema que tienes que aprender a gestionar hoy es el miedo a perder a tu marido y no la cuestión de tu peso o el hecho de comer demasiados dulces, vamos a centrarnos en este asunto.

»Veo en el cuestionario que rellenaste que tus padres viven juntos aún, que tu padre nunca ha dejado a tu madre por la cuestión del peso. ¿De dónde viene ese miedo que te agobia según tú? ¿Quizá alguna vez escuchaste a tu madre decir que lo tenía o fuiste testigo de algo que ocurrió entre ellos, por creer que un hombre engaña y deja a su mujer cuando se pone demasiado gorda?

—Sé que mamá no confía en los hombres. Siempre dijo que solo piensan en el sexo y que para retenerlos hay que darles lo que quieran. Estando tan gorda ella, siempre me he preguntado cómo hacían el amor. No me gusta decir esto, pero pienso que desde hace tiempo papá ya no desea a mamá y que quizá va a satisfacerse a otro lado.

—Mi querida Anna, sabes lo que vas a hacer, ¿verdad? Te entrenaste bien para reconciliarte con tu hija; ahora vas a hacer lo mismo con Mario y con tu madre. Para empezar, quédate sola y anota todo aquello por lo que has acusado a Mario y a tu madre con respecto al tema que hemos tratado hoy. Después, comprueba con ellos en qué momento te acusaron de lo mismo. Lo más importante es que te acuerdes siempre de que recogemos según la intención que tengamos de salida. Esto implica que deberás estar atenta si quieres identificar cuál fue tu motivo en las situaciones en las que tu madre y tu marido te acusaron. Enseguida descubrirás que ellos también tenían la misma intención que tú. Por ejemplo, ¿crees que a tu madre le habría gustado perjudicarte cuando te hablaba de la manera de satisfacer a un hombre en el terreno sexual?

»Además, no olvides que acusar a tu madre de estar demasiado gorda significa que ella tampoco se acepta y que las dos estáis en la misma situación. Para ella, negarlo la ayuda a sobrevivir y a no sentir su sufrimiento. No lo niega porque sea idiota o ignorante, sino solo porque le hace sufrir. ¿Su madre también era obesa?

—Sí, pero en aquel tiempo vivían en una granja y a los hombres les parecía normal que las mujeres lo fuesen. Mi madre me dijo que todas las mujeres de su familia habían sido gordas. Decía también, mirando a mi padre con pinta de traviesa, que le había prometido al principio de su matrimonio amarla siempre, incluso si engordaba. Mi padre parecía incómodo cuando hablaba de este asunto, pero no respondía nada. Se puede decir que ha mantenido su promesa, pero yo no los veo felices juntos. Es como si se aceptaran. No quiero un matrimonio así para mí.

—Te recomiendo que hables con tu madre en primer lugar y que compartas con ella solo lo que estás viviendo. No esperes nada de su parte, no está obligada a hablar. Como será la segunda vez que os encontréis, es muy posible que sea más fácil, que haya menos resistencia por parte suya. Si la ves receptiva, no olvides que la mejor manera de que se abra a ti es hacerle preguntas, esperando escuchar respuestas que no te van a gustar. Recuerda que el fin de vuestra charla es que habléis de lo que estáis viviendo, que seáis sinceras, que os sintáis libres y que no juzguéis vuestro comportamiento. Puedo asegurarte que, si siente que sus palabras son bien acogidas, tendrá ganas de sincerarse contigo.

Todo el mundo necesita abrirse; guardar todo para uno es muy duro a la larga. Una persona se confiesa fácilmente cuando la escuchas con aceptación, sin juzgar lo que dice. ¿Cómo te sientes cuando piensas en ir a ver a tu madre?

—Me siento bien. Yo también estoy convencida de que esta vez estará más receptiva. Pero creo que será peor con Mario. No sabes cuánto miedo siento por que me deje. Aquí, hablando contigo, tengo la impresión de que se hace más grande. ¿Es posible esto?

—Un miedo no aumenta por hablar más de él. Lo que te está pasando es que estás tomando conciencia de ese temor. Lo tenías bien escondido y lo más lejos posible para no sentirlo; ahora que has abierto el compartimento donde lo tenías retenido, lo estás sintiendo cada vez más, a medida que la puerta se va abriendo. Ese temor a ser abandonada por tu marido muestra el grado de tu herida de abandono: cuanto mayor es esa herida, mayores son los miedos. Además, nuestras decisiones se ven influenciadas por los miedos que están relacionados con nuestras heridas. En lugar de elegir según tus necesidades, dejas que tu ego decida por ti.

»¿Te das cuenta de que has atraído a un hombre que ha dejado a su mujer por ti? ¿Ves hasta qué punto es fuerte el ego? Este tiene razón por lo tanto para creer que es posible que Mario te deje a ti también; está convencido de que lo único que tiene que pasar para abandonarte es que conozca a otra mujer, que se quede embarazada o que sea más delgada que tú. Las creencias que alimentan a nuestro ego son poderosas, ¿no te parece?

—Me estás pidiendo mucho. Sí, sí, sé que estas charlas son necesarias si quiero cambiar mi vida. Cuando hablas de esto parece simple y fácil. Cuando me encuentro sola con mis pensamientos, el miedo se apodera de mí e imagino toda clase de escenarios. Me estabas diciendo hace un momento que nuestro ego es poderoso, pero eso no es todo. Pienso que mi imaginación lo es también. A veces hablo de estas cosas con mi amiga Nicole. Ella me dice que no soy la única que es así, que a ella también le pasa, lo mismo que a otras compañeras de trabajo con las que ha hablado.

»No puedo garantizarte que sea capaz de hablar con Mario y con mi madre antes de nuestro próximo encuentro, pero voy a hacer todo lo posible. Es como con Sandra, siento vergüenza y miedo al mismo tiempo.

—Tienes razón. La mayoría de la gente tiene mucha imaginación. No eres la única que se deja influenciar por ella. ¿Puedes figurarte lo que ocurriría en el planeta si todos usáramos nuestra imaginación para crear lo que queremos y no lo que no queremos? Según lo que acabas de decir, utilizas tus facultades mentales para imaginar cosas que te dan miedo. Antes de hablar con tu madre y con Mario, sería bueno que visualizaras que estos encuentros sucederán de una manera armoniosa y amorosa. Verás el ánimo que te da para pasar a la acción.

—Muchas gracias por recordármelo. Hace mucho que conozco esta técnica, pero la había olvidado. Bueno, ya está, ¡decidida a pasar a la acción! En el fondo, lo hago por mí. La victoria es mía. No sé por qué tenía dudas —añade riendo.

»Antes de irme, me gustaría preguntarte qué puedo hacer con respecto al problema de piel de Sandra. Me lo ha pedido ella. Desde que tiene la regla, hace dos años, le han salido granos en la cara. También tiene en la espalda y le molestan mucho cuando se pone el bañador. Se maquilla con cremas que ocultan las imperfecciones para que no parezca tanto, pero le está produciendo ansiedad.

—Lo siento, pero no me gusta hablar de los problemas que pertenecen a una tercera persona, ausente por añadidura. Mi método de trabajo se basa en las respuestas que el cliente da a las preguntas que le hago. Con esas respuestas puedo guiarlo para que encuentre su propia respuesta. ¿Crees que tu hija querría venir a verme? Media hora será suficiente para un asunto de este tipo.

—De acuerdo, se lo voy a decir. Gracias por esta entrevista. Me ha dado, una vez más, materia para reflexionar.

Algunos días más tarde, Mario se presenta solo en mi consulta. Entra con paso lento, como si le costara andar, como si no estuviera seguro de abordar el tema que trae entre manos. Duda incluso de sentarse después de darme los buenos días.

—No parece que estés muy relajado hoy. ¿Estás seguro de que quieres estar aquí? Para que nuestra entrevista sea efectiva es importante que hayas venido por tu propia voluntad y que sepas lo que esperas de mí con esta charla. ¿Lo sabes?

—Sí, sí, estoy aquí porque quiero. El problema es que hay tantas ideas que se atropellan en mi cabeza que no sé por dónde comenzar. Como puedes adivinar, el encuentro con mi hijo no se ha desarrollado todo lo bien que habría deseado. No veía el momento de llamarlo, siempre encontraba excusas. No sé por qué tenía tanto miedo. A veces, me sentaba en mi sofá, solo en casa, con la intención de analizar lo que estaba viviendo y de descubrir por qué. No lo conseguía, a veces me dormía y otras me ponía tan nervioso que no podía quedarme en el sitio. Tenía entonces que ponerme a buscar algo que hacer.

»Dos semanas después, por fin me sentí con la fuerza necesaria para llamarlo y preguntarle si podríamos vernos. Le dije que estaba descubriendo cosas sobre mí y que quería compartirlas con él. Me sorprendió mucho que aceptara de inmediato. Propuso que nos viéramos para cenar en el restaurante italiano que hay cerca de su casa una noche que no trabajaba. Mi mente me había jugado una mala pasada: no sé por qué, pero estaba seguro de que ni siquiera querría verme. Pensaba que le daría miedo acercarse a mí. Lo que ahora sé es que era yo quien tenía miedo de verlo. Después me confesaría que él también sentía miedo, pero que su deseo de hacer las paces conmigo le podía más.

»Una vez que nos sentamos en el restaurante y después de pedir lo que queríamos comer, le hablé de mi encuentro contigo, de lo que había descubierto sobre mi padre y del temor que tenía de poner las cosas en claro entre él y yo. Se puso un poco a la defensiva cuando le hablé de reconciliación. Enseguida lo tranquilicé diciéndole que había establecido una relación entre lo que había vivido con mi padre y lo que vivía con él. Le hablé también de la relación con mi padre desde mi infancia. Me interrumpió varias veces para hacerme preguntas. Me sentí muy bien al verlo tan interesado. Así también me resultó más fácil hablar.

»Entonces saqué la lista de las acusaciones que había hecho sobre mi padre y le pregunté en qué momento él me había acusado de lo mismo. Se sorprendió al leer la lista. Lo notaba inquieto por tener que darme una respuesta. Al final me dijo: «Lo que viviste con tu padre no tiene nada que ver conmigo. ¿Por qué me pides esto?». Le expliqué entonces lo que tú nos dijiste sobre las repeticiones generación tras generación, y que yo también, cuando escuché hablar por primera vez de este asunto, dudaba que fuera cierto. Cuando le dije que hacía veinticinco años que observabas este comportamiento en millares de personas, se quedó sorprendido. Al mismo tiempo, empecé a notar que comenzaba a abrirse a esta idea.

»Entonces volvió a leer la lista. Se tomó su tiempo y me dijo: «No quiero herir tus sentimientos. ¿Quieres de verdad que te responda?». Por el modo como me miraba y por el tono de voz que tenía, parecía estar delante de un niño de doce años. Entonces fue cuando comprendí el miedo que él también tenía de herirme y el miedo que tenía yo de ser tratado de padre sin corazón. Recordando tu consejo sobre la importancia de comprobar, le conté el miedo que acababa de atraparme y le pregunté si él también sentía temor de ser un mal hijo conmigo y un mal padre con su propio hijo.

»Parece que di justo en el clavo. Se quedó pensativo, parecía muy afectado. Bajó la cabeza y le costó mirarme a los ojos. Finalmente, avanzó su mano para tocar la mía por debajo de la mesa y admitió que se sentía culpable de herir mis sentimientos con el asunto de su trabajo, pero que no podía hacer otra cosa, que le era imposible cambiar de oficio por el momento.

»Le volví a hablar de la lista de acusaciones para saber en qué circunstancias me había acusado de lo mismo. No quiero entrar en detalles, basta con decirte que él también me acusó de ser ingrato y de no comprenderlo, de dejar que cayera, de no animarlo, de ser muy injusto. Lo que más me sorprendió fue que, cuando le dije que yo acusaba a mi padre de ser grosero y vulgar, me confesó que cuando era adolescente le daba vergüenza cuando llevaba a sus compañeros a casa, pues yo intentaba siempre dármelas de esnob y sorprenderlos contándoles episodios de mi trabajo y que hablaba de gente importante, sobre todo de mujeres guapas que había conocido, y que él sabía que en mis historias estaba exagerando mucho. ¿Sabes lo que se decía entonces? Que a pesar de los esfuerzos por parecer una persona de bien, daba la impresión en cambio de ser alguien vulgar. Sobre todo cuando soltaba una palabrota sus amigos podían fácilmente darse cuenta de que yo no tenía clase. Me dijo: «Papá, sé que habrías querido hacer una carrera honorable y tener clase, pero no llegas, aunque se ve que te esfuerzas».

»Me quedé sin aliento. No sabía qué decir. Y yo que me creía mucho mejor que mi padre... Eso es lo que me costó aceptar con más dificultad. Estuve a punto de preguntarle si creía que tenía más clase que yo, siendo como era camarero de un restaurante. ¡Me costó retenerme! Seguro que lo percibió, porque la atmósfera cambió radicalmente. Fue como si un velo se hubiera desplegado sobre nosotros. Quise continuar expresándole lo que sentía con respecto a su trabajo y que quería llegar a sentirme bien con eso, pero no fui muy hábil. Él se levantó rápidamente diciendo que tenía algo que hacer y me preguntó si no le importaba que continuáramos la conversación otro día. ¡Y se acabó! Salió del restaurante. Me quedé con la boca abierta durante unos minutos. Finalmente, me dije que una parte del trabajo estaba hecho, que él no había cerrado la puerta aún completamente. Vamos a volver a vernos mañana.

—¿Has comprendido por qué, a pesar de todos los esfuerzos que has puesto en ser un hombre de clase, no lo conseguías y que, al contrario, dejabas que te trataran como una persona sin educación?

—Pues no. Es cierto que tengo la costumbre de decir palabrotas alguna que otra vez, pero no es algo habitual. Siempre he intentado dar la imagen de tener un coche nuevo: lo cambio cada dos años. Es muy importante para mi imagen de vendedor de éxito, y por otro lado, recorro muchos kilómetros en un año y me gusta tener un coche en buen estado. Siempre he vestido bien. Siempre lo hice para tener más clase que mi padre. No entiendo cómo he podido lograr el efecto contrario. ¿Puedes explicármelo?

—Hay una verdad muy importante que hemos olvidado: **uno no se puede convertir en lo que quiere ser sin antes haber aceptado lo que no quiere ser.** ¿Sabes qué quiere decir esto?

—¿Que debo aceptar que soy vulgar y maleducado como mi padre? JAMÁS.

—¿Sabes? No eres tú quien me acaba de responder, sino tu ego. Es él quien cree que ser vulgar y maleducado está mal, que no hay que ser NUNCA así. Cuando tu padre era vulgar y maleducado con sus amigos, ¿crees que era malo, que lo hacía adrede para hacerte daño?

—Visto desde esa perspectiva, no, no creo que lo hiciera queriendo. Creo más bien que trabajaba muchísimo y que, cuando decidía ir a divertirse, perdía el control diciendo cosas que estaban fuera de lugar.

—¿Nunca te ha ocurrido que hayas sobrepasado los límites, que hayas perdido el control?

Me mira, me sonríe y me dice:

—¡Me pillaste! Me pasa cuando voy de compras. Si he trabajado mucho y he conseguido un dinero extra, compro más cosas de las que necesito, sobre todo ropa. Acabo de darme cuenta de que Anna me dice a veces que lo que compro es de mal gusto. No sé de dónde me viene esa ansia por comprar ropa deportiva, a menudo de colores chillones. Una vez me dijo que sentía vergüenza de ir conmigo cuando llevo puestas esas prendas. Lo que más le molesta es que me vista tan bien para ir a trabajar y que no sea así cuando estoy con ella. Este es otro asunto por el que discutimos a menudo. Además, siente vergüenza de las revistas porno que compro. Intento esconderlas lo mejor que puedo, tengo miedo de que nuestra hija o cualquier otra persona las vea.

—Cuando compras sin control, ¿estás tratando de perjudicar a alguien?

—No, ya lo sabes. Por otro lado, ¿cómo puede afectar a la vida de los demás lo que yo compre? Pago todas mis compras con un dinero ganado honradamente. ¿No tengo el derecho a regalarme lo que quiera y a leer lo que me plazca? Nunca le impido a Anna ni a mis hijos que se compren lo que quieran.

»¡Acabo de comprenderlo! Cuando mi padre bebía demasiada cerveza, se alimentaba mal o contaba historias de mal gusto, no le concernía a nadie más que a él. Era también SU dinero, que había ganado también dignamente, y SU cuerpo los que estaban afectados. ¡Uff! De cuántas cosas se hace uno consciente cuando empieza a indagar en su interior, ¿verdad? Sin embargo, aunque me siente bien descubriendo estas cosas, no me gusta percibir que a menudo he juzgado sin razón. Me resulta muy difícil darme cuenta de cuánta ira y cuántas emociones he vivido, cuando lo que tenía que hacer es dejar que mi padre fuera como quisiera ser.

—¡Bravo, Mario! Buena conclusión. Estás haciendo el proceso de aceptación de lo que no quieres ser. Esta etapa es esencial para pasar a la siguiente, que consiste en ser lo que quieres. Ni siquiera necesitas repetir lo que quieres, en lo más profundo de ti ya lo sabes. Va a ir llegando poco a poco, conforme vayas dejando de juzgar que está mal ser grosero o maleducado. No olvides que iniciar el trabajo sobre ti te permite comenzar el proceso para tu hijo, que tiene el mismo miedo a ser grosero que tú. Será interesante que mañana habléis los dos de este asunto.

RECUERDA...

♡ Es una falta de responsabilidad acusar a otra persona, pues se quiere que ella asuma las consecuencias de nuestros propios miedos.

♡ Ser responsable es asumir las consecuencias de nuestras decisiones, lo que quiere decir dejar que los demás asuman las consecuencias de sus propias elecciones.

♡ Dejar que otra persona asuma sus responsabilidades no quiere decir que seamos pasivos. Podemos guiarla, darle consejos, aunque aceptando que deberá asumir sus propias consecuencias, haya decidido seguir estos consejos o no. Este es un excelente medio de reducir la culpabilidad.

♡ Toda función física del cuerpo, sea la que sea, está influenciada por lo mental y lo emocional.

♡ Cosechamos siempre según cuál sea nuestra intención al principio. Esto implica que hay que estar atento e identificar cuál es nuestra motivación en las situaciones en las que los otros nos han acusado. Sabremos así que ellos también tenían la misma intención que nosotros.

♡ Cuando elegimos negar una situación es solo para evitarnos sufrir.

♡ Una persona se abre fácilmente cuando se siente escuchada con aceptación, cuando no es juzgada.

♡ La imaginación debería siempre ser utilizada para visualizar lo que queremos que suceda, y no lo contrario.

♡ No podemos convertirnos en lo que queremos ser cuando no aceptamos ser lo que no queremos ser.

♡ No hay necesidad de repetir sin parar lo que queremos, ya lo sabemos en lo más profundo de nosotros. Todo va a suceder poco a poco, cuando vayamos dejando de juzgar como malas las actitudes que no nos gustan.

Capítulo 5

ACEPTAR QUE EL DINERO NO NOS DEFINE FRENTE A LOS DEMÁS

ario mira su reloj y toma de nuevo la palabra sonriendo:

—Me alegra ver que nos queda aún media hora. He aprendido una cosa de mi hijo en nuestro último encuentro. Es algo muy íntimo y me gustaría contártelo antes de volver a verlo mañana. La madre de Michelle, mi nuera, murió repentinamente el año pasado. Siempre supe que sus padres estaban muy bien de dinero; lo que no sabía era que su hija y mi hijo habían heredado un buen montón de dinero, de lo cual no nos han hablado nunca ni a Anna ni a mí. No me gustó enterarme de este asunto por boca de la esposa de mi jefe, que va al mismo peluquero que Michelle. Parece que hablan entre ellas bastante. Tuve que hacer grandes esfuerzos para ocultar mi sorpresa. ¡No me puedo creer que hayan hecho algo así! ¿Quizá porque tenían miedo de que les pidiéramos dinero? No lo entiendo, porque saben que yo no necesito ayuda económica y que no nos falta de nada.

—¿Qué te molesta más de esta situación? ¿En qué afecta a tu vida?

—Seguro que en nada, pero lo encuentro un insulto. Lo que me molesta es el secretismo, la falta de confianza que demuestran con nosotros.

—¿Cómo vives una situación en la que alguien te oculta cosas?

—¡Pues mal, por supuesto! Es normal, ¿no? ¿Conoces a alguien a quien le guste?

—Tienes razón, a la mayoría de la gente no le gusta que le oculten información. Sin embargo, sabes como yo que cada persona vive la misma situación de manera diferente. Por eso te estoy preguntando cómo lo vives tú, lo que sientes dentro. Te vuelvo a hacer la pregunta: ¿cómo te sientes al saber ahora lo que tu hijo te estaba ocultando?

—Me siento inferior e ignorado —responde rápidamente con rabia—. ¡Deberías verlo! Ahora entiendo cómo pueden vivir así. Me preocupaba por nada cuando los veía gastar tanto, sobre todo desde que se compraron ese coche tan enorme. Además, a Michelle acaban de promocionarla en su trabajo. Trabaja para Bell Canadá, ahora es vicepresidenta. Escuché a David con atención cuando me lo contó el domingo pasado, que vino con su hijo de visita a casa. ¿Por qué necesita trabajar con todo el dinero que tiene? Ahora que tiene un puesto con responsabilidad, seguramente va a tener que dedicarle más tiempo a su trabajo. No creo que sea buena idea para una mujer con un niño pequeño. Pero eso no es todo: ¿cómo es posible que mi hijo acepte esto? ¡Una mujer que gana mucho más dinero que él! ¡Yo eso no lo aceptaría nunca! Sin duda debe de sentirse inferior. Si hubiera perseverado en su carrera de contable, todo sería diferente. Tendría seguramente un salario mayor que el de ella.

—Lo que deduzco de tus palabras es que crees que es injusto que una mujer gane más que su pareja, ¿es así?

—No sé si es injusto, pero me parece que no es normal. ¿Acaso no es el papel del hombre ganar el dinero y el de la mujer cuidar de los niños?

—¡Ay, Mario! Parece que todo esto te está afectando mucho. ¿Te das cuenta de que tu discurso es el mismo de generaciones anteriores? Este es un buen ejemplo de creencias que pasan de generación en generación. ¿En serio sigues creyendo eso? Mira a tu alrededor. Verás que cada vez hay más parejas jóvenes que viven como tu hijo y su mujer. Para ellos, vivir en pareja significa cooperar. Les importa poco quién gana mayor salario o quién asume cada tarea. Lo importante es que se entiendan bien, que las tareas y los gastos estén bien repartidos entre los dos y, sobre todo, que cada uno respete los límites y las capacidades del otro. Esta nueva actitud ha llegado con la Era de Acuario. Está en el orden de las cosas. Los que no pueden adaptarse a los nuevos tiempos sufren mucho, como tú.

»Entonces, recapitulemos: tu nuera y tu hijo no te han hablado sobre el asunto de la herencia y tu problema es que sufres por que te lo hayan ocultado, por la falta de confianza que tienen contigo y por el hecho de que tu nuera gane más que tu hijo, lo que no encuentras normal. De todo esto, ¿qué te hace sufrir más?

—Eh... No me gustan los secretismos, pero lo que más me molesta es que ella, que es tan rica, continúe trabajando, y sobre todo, que esté mejor remunerada que mi hijo. Es como si David personificara más vivamente el fracaso que antes. ¡Con lo que me costaba acostumbrarme a la idea de ese nuevo trabajo que tiene, se me presenta otra cosa difícil de digerir!

—Cuando has pronunciado la palabra *fracaso*, ¿te has dado cuenta de que has bajado el tono de tu voz y que se te ha puesto rojo el cuello?

—Sí —dice, poniéndose más rojo si cabe—. Siento que el calor me sube desde el cuello hasta la cara. Es eso lo que llevo peor. No sé si conseguiré un día sentirme orgulloso y decirle a todo el mundo que mi hijo es camarero y que lo mantiene su mujer. ¿Crees que es posible que un padre acepte eso?

—Nadie te está pidiendo que te muestres orgulloso del oficio de tu hijo. Aceptar a tu hijo significa que le dices sí a lo que él elija, incluso si no te conviene, incluso si no estás de acuerdo. Tú tienes derecho a decidir libremente, como cualquiera. ¿Has pensado que puede haber muchas personas que no encuentren interesante la profesión que has elegido? De esta diversidad es de donde se crea un mundo interesante.

»Aceptar a tu hijo es también reconocer que tenga sus propias experiencias de vida y que solo cuando coseche las consecuencias de su elección sabrá si lo que escogió era bueno para él, si responde a sus necesidades. Nadie debe decidir por él, ni siquiera sus padres, que tanto lo quieren.

»Con respecto a la palabra que usaste antes, *fracaso*, ¿puede que lo que ocurra es que lo más difícil para ti es creer que TÚ NO ERES UN FRACASO como padre, en la medida en que tu hijo no ha hecho una gran carrera y no gana más dinero que su mujer?

Tiene los ojos anegados de lágrimas. Parece que le cuesta hablar. Me hace un gesto de que sí y fija la vista en un punto por debajo de mi cabeza sin decir nada. Después de algunos segundos, respira hondo y me responde, un tanto apesadumbrado:

—No me lo puedo creer. Me estoy dando cuenta de todo lo que he criticado a mi padre por no ser un buen padre y tengo miedo de que mi hijo me acuse de lo mismo. Es perfecto que nos veamos mañana, eso va a permitirme comprobarlo con él. Con todo lo que he aprendido en estas semanas, ya no me sorprendería que me dijera que soy un mal padre. En su lugar, es lo que yo diría, sobre todo si me atengo a lo que me dijo en nuestro encuentro en el restaurante del otro día.

—Ahora que hemos aclarado el verdadero problema para ti, ¿qué quieres tú en esta situación?

—Iba a responderte que quiero que mi nuera deje de trabajar, pero me he acordado de lo que dijiste en nuestra primera visita. Solo puedo querer situaciones que estén bajo mi control. Si deseo controlar a otra persona, me creo expectativas, y eso me lleva al final a sufrir un desengaño. Entonces, ¿qué quiero? Hmm... Quiero ser capaz de ocuparme de mis asuntos y dejar de preocuparme por la vida de mi hijo. Quiero ser capaz de estar bien con él, incluso si decide seguir siendo camarero toda su vida. ¡Ufff! Digo esto, pero en el fondo dudo que sea capaz de conseguirlo.

—Me gusta tu sinceridad. Al menos tienes la capacidad de darte cuenta de tus límites por el momento. Aunque dudes de que puedas llegar a lo que quieres, ¿reconoces la importancia que tiene comprobar y descubrir lo que quieres realmente?

—Sí, estoy de acuerdo. Me siento mucho mejor ahora que sé por qué esta situación me molesta tanto. Pienso que saber lo que te ocurre sirve para liberarte, te da esperanza. Me abre un objetivo y estoy impaciente por alcanzarlo.

—¿Cómo te sientes cuando te imaginas hablándole a David de esta visita que me estás haciendo hoy, de cómo te afectan sus ocultaciones, de lo que quieres conseguir hacer con él?

—El miedo me atenaza, pero sé que tengo que hacerlo. Me siento mal al pensar que nuestra relación puede continuar siendo tan mala como es. Ya no quiero que nos veamos para hablar de cosas banales. Parece como si estuviésemos matando el tiempo. También me he dado cuenta de que sus visitas se espacian más cada vez. Los dos miramos continuamente la hora cuando estamos juntos. ¿Cómo es posible que no me haya dado cuenta de esto antes? Conforme hablo de lo que estoy viviendo, me voy acordando de muchos detalles. ¿Es normal?

—Claro que sí —le digo sonriendo—, lo que estás viviendo es muy normal. ¿No es maravilloso que te des cuenta de todo esto antes de lamentarlo más? Todavía tenéis mucho tiempo para volver a sincronizaros. Viniendo a verme estás demostrando que tienes buenas intenciones. Cuando hables con él seguro que solo obtendrás cosas buenas.

Mario vuelve a mi consulta.

—Lise, te agradezco que hayas aceptado volver a verme tan poco tiempo después de nuestra última entrevista. Además de hablar con David el otro día tuve ocasión de hacerlo con Michelle. ¡Qué bien se siente uno cuando las cosas quedan claras! Nunca entenderé por qué tenía tanto miedo a hacerlo. Supongo que todos los hombres son como yo, sienten miedo de lo que pasa dentro de ellos, y sobre todo de airear sus sentimientos. Nunca nos han enseñado a hacerlo. Para mí, hablar de mis sentimientos era demostrar debilidad, y a las mujeres no les gustan los hombres débiles. ¿Estás de acuerdo conmigo?

—Es verdad que la tolerancia con el hombre que se sincera o que se deja ver llorando delante de los demás es reciente. Te habrás dado cuenta de que en las películas cada vez más aparecen ahora hombres llorando. Las mujeres, aunque no lo parezca, posiblemente tienen las mismas dificultades para abrirse por completo. Ella, cuando cree que habla de sus sentimientos, habla más bien de emociones: se queja, acusa y espera que el otro cambie. Por su parte, el hombre rechaza lo que vive y no dice una palabra. Muy a menudo, por miedo a ser juzgado, ni siquiera escucha lo que la mujer le dice.

»Por lo tanto, la humanidad en general necesita aprender a sentir más, a hacerse consciente de lo que siente, a descubrir lo que quiere y a ser capaz de expresarse, de desvelarse. Todos tenemos un programa trazado para nosotros. ¡Pero qué alegría cuando vamos descubriendo esta nueva forma de vivir! Por lo que veo, tú lo estás experimentando ahora. ¿Te has dado cuenta de cómo te brillan los ojos? Pareces más joven que cuando viniste aquí la primera vez. Incluso se te ve más alegre andando. ¡Qué maravilloso y útil es el cuerpo físico! Es el espejo de lo que ocurre en el interior de nosotros.

—Tienes razón, me siento mucho mejor. Incluso mi jefe me preguntó ayer. Me dijo que no era el mismo, que parecía nervioso por algo y feliz. Le respondí que, efectivamente, estaba muy feliz, pero que no tenía nada que ver con el dinero, sino con mi familia. Me miró con curiosidad y cambió de tema. Parecía no estar cómodo, porque pasa por grandes dificultades con sus dos hijos, que se drogan. Pero no quiere nunca hablar de ese asunto.

»Me vi con David hace tres días. En esta ocasión me dijo que nos reuniéramos en su casa. Michelle trabajaba por la tarde y Nicolás, el pequeño, se había ido al cine con su otro abuelo. Hacía tan buen tiempo que nos sentamos en la terraza de atrás. Te voy a contar nuestra conversación tal como ocurrió:

—¿Sabes, papá? Nuestro último encuentro me dejó muy trastornado. He pensado detenidamente en lo que dijimos. Me he dado cuenta de lo mucho que te animé para que compartieras todo aquello conmigo. Me fui demasiado deprisa. ¿Sabes por qué?

—¿Porque pensabas que estaba enfadado?

—No es eso. Solo fue que, de repente, no era igual entre nosotros dos. Me sentí incómodo. Lo más difícil fue sentirme como un niño pequeño frente a su padre. Tuve que admitir que tenía un miedo atroz a darte pena. Me ha costado varios días hacer este camino. Nunca creí que podría llegar a tener miedo de ti. Sabía que no me gustaba darte pena y que me sentía culpable, pero no era consciente de ese miedo.

—¿Quieres que te confiese algo, hijo? Yo también tenía miedo de mi padre. Fue necesario mucho tiempo para admitir que buscaba su amor. Mi actitud arrogante era solo para esconder cuánto quería que me amase. Ahora comprendo que deseaba que me amara a mi manera. Tú también quieres que te ame de otra forma, ¿verdad?

—No siento que me ames, sobre todo desde que elegí un oficio que no te gusta. Antes, no me planteaba esta pregunta. No sé si verdaderamente me sentía amado o no. Lo que sé es que si seguí mis estudios fue para complacerte. Llegué a la conclusión de que, si lo hice por ti, no debía de sentirme realmente amado. Cuando nos encontramos la última vez, pensé que ibas a sacar el asunto de mi trabajo y tuve miedo.

»Pensando en eso después, me dije que era mejor hablar y decir las cosas claras; no puede ser que cuando nos veamos nos sintamos tan incómodos que estemos deseando que la visita se termine. ¿Te has dado cuenta de lo breve que estaban siendo nuestros encuentros? Incluso Nicolás me dijo en varias ocasiones que ya no te veía tanto. Yo le respondía que era porque tenías que trabajar mucho. Fui consciente de que le estaba contando cualquier mentira a mi hijo antes de preguntarme por qué estaba ocurriendo aquello. ¿Por qué hablar es tan difícil? ¿Lo sabes tú?

—Totalmente de acuerdo. Para mí es difícil hablar de lo que vivo, de mis sentimientos. Estoy muy contento de que hayas aceptado que continuemos nuestra charla. Al decirme que cuando fuiste adolescente pensabas que no tenía clase, sentí la ira que me iba subiendo. Por miedo a ofenderte, me retuve y no te dije lo que pensaba. ¿Sabes lo que iba a hacer?

—Sí, en ese momento me sentí mal. Sabía que lo que querías decirme es que el oficio de camarero tiene menos clase que el de jefe de ventas. No creo en absoluto que sea un oficio de tontos, pero tú no pareces estar de acuerdo, según veo. Dime, de una vez por todas, por qué te desagrada tanto este trabajo. Cuando vas a un restaurante, ¿no te gusta que haya personas como yo que decidieron ser camareros? De otro modo, tú y millones de personas como tú no podríais ser atendidos cuando coméis en un restaurante.

—No sé responderte. Pienso que, fuese cual fuese el oficio que hubieses escogido, en el caso de que no hubiese sido un «oficio profesional», habría reaccionado de la misma manera. Actúo así porque me habría gustado que mi padre me hubiese pagado mis estudios universitarios. No creía que le guardaba rencor, pero, vista mi reacción contigo, debo rendirme a la evidencia de que me ha hecho mucho daño. Sé que nunca llegaré a aceptar tu elección si antes no firmo la paz conmigo mismo.

—¿Por qué contigo mismo? Me dices que crees que le guardas rencor a tu padre. ¿No es con él con quien tienes que firmar la paz?

—Hace semanas que completé esa etapa. Comprendí que mi padre, que no quería ser como su propio padre, había hecho todo lo que podía por mí. Puedo sentir ahora que me amaba, solo que estaba convencido de que yo tendría un mejor porvenir si no iba a la universidad. Estaba seguro de que TODOS los abogados eran unos ladrones y no quería que me convirtiera en uno de ellos. Me culpo ahora por no haber comprendido que me amaba y sobre todo por haberte reservado la misma suerte. Por lo tanto, no es con él con quien debo firmar la paz, sino conmigo mismo. Es en ese punto donde estoy. Lo peor ha pasado, porque sé a dónde quiero llegar. Parece que, para la mayoría de la gente, aceptarse a sí mismo es más difícil que aceptar a los demás. Sé ahora que es verdad, por eso estoy trabajando en mi proceso de aceptación y él no lo hizo.

—¿Cómo estás tan seguro de eso?

—En primer lugar, tuve que encontrar cuál era el verdadero problema que había detrás de la dificultad que tenía en aceptar tu oficio. Descubrí, con la ayuda de Lise Bourbeau, que era el rechazo y la injusticia que había vivido con mi padre. Así pues, que crea que soy injusto y que me rechace como padre es la señal de que no me he aceptado aún. En realidad, cada vez que acusamos a otra persona demostramos que nos acusamos de lo mismo o que nos acusaríamos si tuviéramos el mismo comportamiento. Sé que no me acepto por algo que me ha ocurrido y que quería contarte hoy.

Mario me cuenta que le costó mucho continuar, que sintió miedo en el estómago al pensar cómo reaccionaría su hijo y que en ese momento respiró profundo y después le dio un buen sorbo a la cerveza.

—¡Por Dios, para! ¿Qué es eso tan importante que tienes que decirme? ¡Te has bebido de un trago media cerveza! ¿Es grave?

—¿Grave? En cuanto lo supe comprendí que sí. Me enfadé mucho, porque me di cuenta de que aún tengo miedo de acusarte, de tu reacción... Bueno, venga, me lanzo. Me dijo un conocido que Michelle había heredado una gran cantidad de dinero el año pasado. ¿Puedes imaginar cómo se siente un padre que se entera de una noticia así y que sabe que alguien extraño está al corriente antes que sus padres? ¿Me puedes explicar por qué Michelle y tú nos lo habéis ocultado? ¡Me parece que una noticia tan buena debería ser proclamada a los cuatro vientos!

—¡Ok, papá! No hace falta gritar, que se va a enterar todo el vecindario. Cálmate. Tienes razón para no estar de buen humor. Hace meses que quiero hablarte de esto, pero Michelle me lo ha prohibido. Dijo que te pondrías celoso, que no aceptarías tener a una nuera más rica que su hijo, que no lo recibirías como una buena noticia. Y estoy de acuerdo con ella. Pero desde hace algunos meses, sobre todo desde cuando me empezaste a preguntar por algunos gastos que hacíamos, comencé a sentirme cada vez más incómodo. Quería contártelo todo, pero ella me decía siempre que esperara un poco. Después de todo era su dinero, tenía que hacerle caso.

—No estoy de acuerdo con lo que dices. Si realmente hubieses querido contármelo, habrías podido hacerlo y pedirme que no le dijera nada a Michelle de que yo lo sabía. Pienso que la realidad es que no querías decírmelo.

—Si es así, papá, si no me crees, es mejor que dejemos de hablar ahora mismo. Siento que voy a enfadarme y que voy a lamentar mis palabras. Pienso que esto que estamos haciendo juntos es demasiado importante como para volver a caer en nuestras viejas costumbres. ¿Estás de acuerdo con que paremos y retomemos esta conversación la semana próxima?

—Tienes toda la razón, hijo mío. Me alegro de que me pongas en mi sitio. Es verdad que tengo ganas de acusarte. Veo que todavía me hace sufrir mucho este asunto. ¿Sabes lo que más me molesta? Al principio, creía que eran los secretismos, pero descubrí que era más el hecho de que Michelle fuese rica y siguiese trabajando, y sobre todo que ganase más que tú. Sentía VERGÜENZA por ti. No sé cómo has podido soportar eso. Si estuviera en tu lugar, trabajaría siete días de cada siete en el restaurante solo para decir que ganaba más dinero que mi mujer.

—¿Te das cuenta de que continúas creyendo las mismas viejas tonterías, eso de que las mujeres no tienen derecho a ganar más que los hombres? ¿Por qué te es tan difícil aceptarlo? Michelle y yo estamos de acuerdo con esta situación, no nos molesta a ninguno. No veo por qué dejas que estos detalles insignificantes te alteren. Bien sabía Michelle lo que te iba a trastornar este asunto; ahora comprendo por qué no quería que te lo contase.

—¿Creía que no lo descubriría? ¿Me toma por idiota?

—Tu ego te está dando un bofetón, ¿verdad? Detente, papá, estás rojo de ira. En el fondo, te comprendo, no debe de ser fácil para ti. Pero, créeme, puedo garantizarte que Michelle no quiso hacer que te sintieras mal; al contrario, quería evitar que vivieras esas emociones. Cuando le dije que ya era hora de que os contásemos, a mamá y a ti, el asunto de la herencia, me contestó que esperásemos aún para encontrar la mejor manera de hacerlo, sobre todo contigo. Me doy cuenta ahora de que no fue una buena idea. ¿Qué querías que hiciera? Era SU herencia y tenía que respetar su decisión.

»Me preguntabas, un poco antes, por qué no te lo había contado a ti solo. No podía hacer eso, papá, habría mentido a mi mujer, y jamás mentiría a alguien por complacer a otra persona. No me gustaría tampoco que alguien me lo hiciese; por lo tanto, no se lo hago a los demás.

—De acuerdo, comprendo mejor ahora tu punto de vista. Dame tiempo para digerir todo esto. Qué bien sienta hablar, ¿verdad? Estoy contento de expresarme más, de haber empezado este proceso con Anna. Nos está ayudando mucho. Cuando me habló por primera vez de esto, no quise comprometerme. Creo que tenía miedo de que, si ella se implicaba, se enturbiaría nuestra relación. Fue una de las causas por las que acepté acompañarla a su segunda visita. Su primera entrevista con Lise Bourbeau le había hecho tanto bien que sentía curiosidad por conocerla.

Mario me observa, con la mirada chispeante, contento después de esa bonita conversación con su hijo. Creo que se siente muy orgulloso de él. Como despedida, según me cuenta, se dieron un abrazo fuerte y espontáneo.

—Estoy muy contenta por todo lo que te ha pasado con tu hijo. ¿Te has dado cuenta de que has ayudado a David y a su mujer a tomar conciencia de su miedo a tener más dinero que los demás?

—Creo que tienes razón. David no me contó que tuvieran ese miedo los dos. Pero un poco después, por la tarde, cuando acabábamos nuestra cerveza, Michelle llegó a casa. Aproveché para hacerle partícipe de lo que había venido a contarle a mi hijo. Estaba interesado en conocer su versión de los hechos y sobre todo quería saber por qué tenía tanto miedo a hablarme de su herencia.

»Me confesó entonces que su madre había heredado una gran suma de dinero a la muerte de su madrina, que no tenía hijos. Por miedo a que los hermanos de su madrina sintieran envidia, no quisieron contárselo. Poco después, al descubrirlo, dijeron que su madre habría debido compartir la herencia con su familia. Las relaciones nunca fueron buenas después de aquel incidente. Michelle apenas conoce a sus tíos, ni a su tía, ni a sus primos. Ni siquiera los invitó a su boda, poniendo como pretexto que era hija única y que quería una pequeña ceremonia íntima en compañía de su padre y su madre. Me confesó que no quería seguir hablando de eso, prefería olvidar esa parte de su vida. Hace algunos días, al recordarlo, encontró una conexión y tuvo la intención de contárselo a David. Incluso decidió contárnoslo ella misma.

»Lise, empiezo a darme cuenta de que es cierto lo que le contabas a Anna el otro día: cuánto repercute el trabajo que uno hace consigo mismo sobre su entorno. Mientras Anna, mi hijo y yo estábamos asimilando esta situación, Michelle hacía lo mismo. ¿Puedes explicarme por qué todos en mi familia tenemos los mismos miedos?

—¿Te acuerdas de lo que decíamos, que cuando vives un miedo en relación con alguien, ese alguien vive el mismo miedo? Es aconsejable empezar tu proceso de aceptación con esa persona. Después te harás consciente de que todos los que están relacionados directamente contigo y con la persona con la que vives ese miedo experimentan lo mismo. La ley de la atracción dirige nuestro planeta. Por eso, siempre nos sentimos impulsados hacia aquellos que tienen los mismos problemas que resolver que nosotros. Como acabas de constatar, incluso si algunos no son conscientes de ese miedo que vive en ellos, hacen un trabajo sobre ellos al mismo tiempo que tú. Este es el gran poder de la aceptación. Esto se propaga hacia todas las personas con las que vivimos la situación. ¿Sabes de dónde viene este temor a tener más o menos dinero que los demás?

—Según lo que acabo de escuchar, diría que viene de la influencia de nuestra familia. ¿Es hereditario?

—Ciertamente no. No heredamos los miedos y los problemas de nuestros padres. Lo que ocurre más bien es que elegimos nuestros padres antes de nacer, porque ellos tienen los mismos problemas que resolver que nosotros. Esto nos lleva a la ley de la atracción.

—Michelle ya me ha contado que había oído algo sobre este asunto de que escogemos a nuestros padres, pero tengo que admitir que me cuesta mucho aceptar esto. Estoy empezando a abrirme a la idea de que podemos tener varias vidas, que en realidad no nos morimos nunca. Esto de que escogemos a nuestros padres es difícil de admitir. ¿Cómo puedes estar tan segura de eso? ¿Qué pruebas tienes?

—Sé que no es fácil. Esta aceptación es posible con el tiempo, cuando asimilamos la ley de la atracción y cuando ponemos en práctica la noción de responsabilidad. Tómate tu tiempo para comprender bien estos nuevos conceptos.

»En cuanto a la reencarnación, no tengo ninguna prueba tangible, solo testimonios que he escuchado a personas que dicen tener la sensación, al llegar a un país por primera vez, de que han estado ahí antes. Conocen lugares que nunca han visitado, o comprenden y hablan una lengua de un país extranjero después de solo unas semanas de estancia. Conozco a una señora, ciega de nacimiento, que, a los tres años, se sentó frente a un piano y tocó sin esfuerzo. ¿De dónde le vino esa memoria? ¿Sabes? Cuanto más aprendas a sentir, a estar en contacto con tus sentimientos —no con tus emociones—, más sentirás en cada momento lo que es verdadero o no para ti. Lo sentirás en lo más profundo. Sabrás que es verdad sin saber cómo lo sabes. Sé que es así como sucede en nuestras vidas. Sin embargo, cuando alguien me dé una explicación que me parezca más acertada que la noción de reencarnación, no dudaré en aceptarlo.

»Creer significa dar algo por verdadero. La verdad es diferente y relativa para cada uno de nosotros. Siempre debemos fiarnos de lo que sentimos. Cuando te sientes bien con un nuevo concepto es porque te conviene en ese momento. Si te sintieras mal, habría que comprobar si ese malestar viene de tu corazón. En ese momento, no vives miedo, solo la certidumbre de que esa noción no encaja en tus necesidades. Cuando es tu ego el que te impide aceptar un nuevo concepto, es porque sientes miedo. Dejar que tu ego te convenza de que no aceptes nada nuevo —y en eso es especialista— perjudicará mucho tu capacidad de aceptar a una persona o una situación.

—¿Por qué nuestro ego no quiere que aceptemos lo nuevo?

—Porque lo único que quiere es ALIMENTARSE para no desaparecer y lo que lo nutre más es la repetición de las viejas creencias. Por eso estamos siempre repitiendo las mismas experiencias en nuestra vida, aunque sean desagradables; así va tomando cada vez más fuerza. Cuando llega algo nuevo, se vuelve loco, teme desaparecer y dejar así de tener poder sobre aquello de lo que se nutre.

»Entonces, el hecho de no preocuparos por ser más o menos ricos que otros os ayudará a ser más vosotros mismos y a dejar por tanto de alimentar vuestros respectivos egos; así irán disminuyendo poco a poco. Te aconsejo que compruebes si Anna tiene el mismo miedo que vosotros tres. Es muy probable, pues te ha elegido como pareja. Volvamos a mi pregunta: ¿de dónde viene este miedo? En gran parte viene de la herida de injusticia que tenéis todos. Todas las creencias son fruto de las heridas. ¿Te acuerdas de que estuvimos mucho rato cuando tratamos el asunto de tu padre? Cuanto más grande es una herida, más fomenta el ego creencias para alimentarla. La gente que teme ser injusta siente miedo —a menudo inconsciente— a tener más que los otros o a que los otros tengan más que ellos.

—Es muy posible que tengas razón. A menudo he escuchado a Anna decir: «No es justo». Tengo muchas ganas de contarle nuestra conversación. Para terminar, quiero agradecerte mucho tu ayuda, sé que mi relación con mi nuera y con mi hijo va a ser manifiestamente mejor desde ahora. Le confesé a Michelle la dificultad que tengo de aceptar que gane más dinero que mi hijo y soltó una carcajada. Me contestó: «¡Eso me lo suponía! Cuando hablabas de las mujeres que ganan mucho dinero, estaba segura de que te molestaría. ¡Por el amor de Dios, explícame por qué te perturba tanto eso!». Le conté lo que le había dicho a David y sentí que le alegró mucho ese cambio. Me miraba de una manera diferente, como si hubiera descubierto una faceta de mí que desconocía. Cuando me marché, mi hijo y mi nuera me abrazaron. Noté que les tranquilizó que todo estuviera más claro entre nosotros. No necesito decirte lo feliz que me sentí. ¡Qué liberación!

RECUERDA...

♡ Desde la llegada de la Era de Acuario, está en el orden de las cosas que las parejas no concedan más importancia a las tareas según los roles tradicionales, ni saber cuál de los dos gana más dinero. Lo esencial es la felicidad y el respeto por los límites y las capacidades de cada uno.

♡ Aceptar significa decir sí a lo que el otro elija, incluso si no nos conviene o si no estamos de acuerdo con él. Es también reconocer que el otro tiene sus propias experiencias de vida y que solo cuando vive las consecuencias de lo que elige en cada momento descubre si le convienen, si responden a sus necesidades.

♡ Solo podemos querer lo que está bajo nuestro control. Cuando se quiere controlar a otro, nos ponemos en disposición de esperar algo. Ese es el mejor camino para sufrir un desengaño.

♡ Para cada problema es importante descubrir qué se esconde verdaderamente detrás y diferenciarlo de la situación real.

♡ La mujer tiene las mismas dificultades para abrirse, para desvelar sus sentimientos, que el hombre. A diferencia de ella, él no habla. La mujer sin embargo piensa que quejándose y acusando al otro gana la batalla. Le gusta más acusar que compartir.

♡ La mayor utilidad de nuestro cuerpo físico es ser el espejo de lo que pasa en nuestro interior.

♡ Para la mayoría de la gente, aceptarse a uno mismo es más difícil que aceptar a los demás.

♡ Cada acusación vertida sobre otra persona es en realidad una acusación hacia nosotros mismos. Finalmente comprendemos que reaccionaríamos igual si estuviéramos en la misma situación.

♡ En el momento en que hagamos un trabajo de aceptación en nuestro interior, empezaremos a notar las repercusiones que tiene sobre las personas de nuestro entorno que están implicadas en esa situación.

♡ La ley de la atracción dirige nuestro planeta, por eso somos siempre atraídos por aquellos que tienen las mismas heridas, creencias y miedos que nosotros. Es esa ley de la atracción que hace que elijamos a nuestros padres antes de nacer, porque tienen los mismos asuntos que resolver que nosotros. No heredamos por lo tanto los miedos y las creencias de nuestros padres.

♡ Creer significa dar algo por verdadero. La verdad es diferente y relativa para cada uno de nosotros. Siempre debemos dejarnos guiar por lo que sentimos. Cuando nos sentimos bien con un nuevo planteamiento, es porque es bueno para nosotros en ese momento. Si nos sentimos mal, es importante que comprobemos si esa respuesta viene de nuestro corazón. Entonces, no vivimos miedo, sino tan solo la certidumbre de que ese concepto no responde a nuestras necesidades. Cuando nuestro ego nos impide aceptar una nueva idea, sentimos miedo.

♡ El ego no quiere que aceptemos lo nuevo. Solo quiere una cosa: ALIMENTARSE para no desaparecer. Lo que más lo nutre es la repetición de experiencias basadas en viejas creencias. Por eso repetimos las mismas experiencias en nuestra vida una y otra vez, incluso si son desagradables. El ego se alimenta y va poco a poco tomando fuerzas. Cuando algo nuevo nos sucede, se vuelve loco, siente miedo de desaparecer y de no tener poder sobre aquello que lo alimenta.

♡ La gente que sufrió la herida de injusticia tiene miedo —a menudo inconsciente— a tener más que los demás o a que los demás tengan más que ellos.

Capítulo 6

ACEPTAR LA PÉRDIDA

Mario me llamó la semana pasada para preguntarme si podía recibir a su exmujer, Rita, la madre de David. Cada vez se siente más amargada y no logra recuperarse de las diferentes pérdidas que ha sufrido. «Me gustaría mucho poder ayudarla, pero me rechaza cuando me acerco, y rechaza a todos los que son felices», me dijo.

La recibo hoy por primera vez.

—Buenos días, señora Bourbeau. Vengo a verla recomendada por Mario, pero le advierto que no estoy del todo convencida de que pueda ayudarme. Mi vida es una cadena de desgracias. ¿Qué le he hecho a Dios para que me trate así? Le hablo muy poco a Mario, porque siempre que lo hacemos me pongo a llorar o estallo de ira; me cuelga entonces sin mediar una palabra más. Parece no comprender lo que estoy viviendo e intenta siempre convencerme de una cosa o de la otra. Me encontré con él la semana pasada en un café donde había parado para comerme un sándwich. Estaba solo en el mostrador acabándose su almuerzo. Me senté al lado y me quedé impactada con su actitud. Me pareció más tranquilo que normalmente. No me interrumpió en ningún momento. Acabó por decirme que no se sentía capaz de ayudarme a resolver mis problemas, pero que conocía a alguien que podría seguramente hacerlo. No sé lo que pasó exactamente, pero parecía estar muy bien, entusiasmado cuando hablaba del proceso en el que se había implicado. Decidí aceptar su sugerencia ¡y aquí estoy!

Le explico brevemente lo que hago, que solo puedo ayudar a las personas que verdaderamente quieran ayudarse a ellas mismas, que están seguras de querer mejorar su calidad de vida. Cuando le pregunto si se ve capaz de tomar esa decisión hoy, me responde sabiamente:

—¿Qué cree usted que estoy haciendo aquí? ¿No es acaso una prueba de que quiero que mi vida cambie?

—No. Muchos se someten a terapia personal con el solo fin de tener a alguien que los escuche, no siempre quieren tomar las riendas de su vida. Siempre esperan que los que están a su alrededor cambien, pensando que así ellos van a ser felices. Yo sé que esto es imposible. Los que nos rodean empezarán a vernos de otro modo solo si comenzamos a cambiar algo en nosotros. Y antes de que nuestra actitud interior pueda cambiar, es imperativo que seamos conscientes de que esa actitud que mantenemos no nos beneficia. Mi papel es ayudar a mis clientes a que abran su conciencia, pero antes de nada necesito sentir que el cliente lo desea profundamente.

—¿Qué puedo hacer para demostrarle que quiero que mi vida cambie?

—Te voy a pasar una pequeña prueba. Para empezar, me gustaría precisar que habitualmente tuteo a mis clientes, si te parece bien. Si no, házmelo saber y te trataré de usted. Tú también puedes tutearme. Antes de que comencemos un proceso juntas, voy a darte uno de mis libros y te voy a pedir que lo leas en los días que faltan hasta que nos volvamos a ver. He visto que en la ficha que rellenaste pones que nunca has participado en una conferencia o en un taller de los nuestros y que no has leído ninguno de mis libros. Esta lectura es muy importante para ti. Ya me dirás después de terminarla si te sientes bien con el enfoque que utilizo y con la idea de que comencemos una terapia juntas. ¿Estás de acuerdo?

—¿Leer un libro en una semana? Jamás he hecho tal cosa. No sé cómo voy a sentirme de un día para otro. A menudo tengo días malos. Ni siquiera puedo trabajar por culpa de mi frágil salud. Pero bueno, si tengo que hacerlo, voy a esforzarme. Pero no le prometo nada.

—No tienes que hacerlo. Las promesas debes hacértelas a ti. Podrás así comprobar en qué grado has decidido mejorar tu vida. Algunas personas consiguen leer este pequeño libro rosa en un día; si quieres, puedes hacerlo en siete. Nos citamos por lo tanto para la semana próxima, ¿de acuerdo?

Rita entra en mi despacho con un aire más receptivo que la semana anterior. Buena señal.

—Buenos días. Me siento preparada para tutearte ahora que he leído tu libro. Tuve la sensación de que me lo estabas contando a mí directamente. ¿Sabes cuánto he tardado? ¡Tres días! No me lo creía. Incluso he releído algunos capítulos para hacer los ejercicios que sugieres al final; aunque no he logrado resolverlos, creo que necesitaré ayuda.

»Estoy muy contenta de estar aquí de nuevo. Después de leer tu libro siento muchas ganas de trabajar contigo. Tenías razón: comprendo mucho mejor tu método ahora. Sobre todo, me gusta lo simple de las soluciones que propones.

—¡Bravo! Es un buen punto de partida. Estoy preparada para escuchar lo que quieres mejorar en tu vida. ¿Cuáles son todas esas pérdidas de las que Mario me habló y que te causan tantos problemas?

—No te puedes hacer una idea de la mala suerte que tengo desde hace algunos años. Debo admitir que no he llevado una vida fácil. Desde que me dejó Mario ha ido a peor. Cuando no es un problema de salud es el trabajo lo que no va. ¡Sin contar mis relaciones! Para resumir, nada funciona como me gustaría. Solo tengo un hijo y siempre está buscando excusas para no verme. Tenía muchas ganas de ser abuela, y ahora que lo soy, no puedo ver a mi nieto tanto como querría. No digo que sea culpa de mi hijo; de hecho, es por mí, que la mayoría de las veces estoy demasiado cansada para desplazarme. Cuando Nicolás era un bebé, mi nuera me pidió varias veces si podía quedarme con él y yo me negaba. Buscaba diferentes excusas, pero la realidad es que pienso que ocuparse de un bebé es una tarea demasiado complicada. Prefiero niños mayores, cuando son más autónomos y no tengo que estar tan pendiente de ellos. Me siento torpe con un niño. Recién casada, lo que quería era una niña, pero mi deseo no se cumplió. Mi hermana me decía a menudo que Dios es justo porque ella tiene suerte; a mí me pasa lo contrario. No sé qué le he hecho al Creador para llevar esta vida, es muy injusto.

—Siento interrumpirte, pero me estás hablando de muchas cosas distintas. Me es imposible ayudarte si no sabemos en qué dirección tenemos que dirigirnos. Parece que tienes problemas de salud, en tu vida profesional, en tu vida de pareja y con tu hijo. ¿Por cuál de ellos quieres que empecemos? A menudo, los métodos empleados para resolver un problema son útiles para solucionar otros. No vamos a intentar arreglarlos todos de golpe.

Siento que empieza a dudar. Busca en su cabeza dirigiendo los ojos al techo.

—Te aconsejo que bajes los ojos y los cierres, eso te ayudará más. Así..., muy bien. Ahora pregúntale a tu corazón lo que más daño te hace. Después, despacio, retoma contacto con cada problema o cada persona y analiza el dolor que te provoca.

—¡Ya está! Lo más doloroso es mi separación de Mario. Todavía no la he aceptado. Cuando me dijo que me dejaba, creí que me moría. No vi venir que podía pasar. Aunque viajaba a menudo por su trabajo nunca tuve el temor de que me engañara. Después, al enterarme, comencé a tomar conciencia de los detalles de los que me tendría que haber dado cuenta. Supongo que a muchas mujeres les pasará lo mismo. Cuando tenía mi tienda, una de mis empleadas hacía justo lo contrario: siempre dudaba de su marido, lo vigilaba todo el tiempo, convencida de que la engañaba. Incluso llegó a contratar a un detective para que lo siguiera. Finalmente, se dio cuenta de que todo se lo había inventado. ¿Por qué nosotras, las mujeres, no podemos ver las cosas como son? Me parece que los hombres son más realistas. ¿Tú qué opinas?

—Tanto los hombres como las mujeres son realistas unas veces y otras no. Es completamente normal no querer ver la realidad cuando sufrimos. Escribí otro libro que podrías leer: va sobre las heridas del alma. Te ayudará a comprender lo que nos impide ser realistas. Volvamos al problema del que quieres hablar hoy: la dificultad que tienes de aceptar tu separación de Mario. ¿A quién acusaste en ese momento, a ti o a él?

—¡Vaya una pregunta! ¡Por supuesto que fue él el culpable! ¿Cómo quieres que me culpe si es él quien me engañó?

—Te sorprenderías si te contara cuánta gente cree que es responsable cuando su pareja los deja, tanto hombres como mujeres. Sabrás después por qué necesito tener esta información. Dime, ¿de qué acusaste a Mario?

—De ser un cobarde, un mentiroso, un hipócrita. Imagínate, hacía meses que se veían y todo ese tiempo fingió que no ocurría nada.

—¿Cómo viviste esa situación? ¿Qué sentiste cuando ocurrió, aparte de creer que te morías?

—Para empezar, no quise creerlo. Le pregunté si estaba completamente decidido, si esa relación era verdaderamente seria. Entonces fue cuando me contó que ella estaba embarazada. Enseguida supe que lo había manipulado y le dije que lo habían atrapado. Se puso hecho una fiera, me dijo que eso no me importaba y que si lo habían atrapado es él quien tendría que vivir con eso. «Y eso no tiene que ver nada conmigo, ¿verdad? Dejo que una aprovechada atrape a mi marido y se supone que no tengo que hacer nada», le dije. Después me puse a llorar sin parar. Añadí: «Podrías haberme preparado, ser menos brusco». No solo encontré brusca su actitud, sino inaceptable e insensible. Intentó explicarme que no era especialista en ese tipo de situaciones y que no servía de nada aquel berrinche, que ya estaba harto de mis arrebatos.

—Entonces, lo acusaste de cobarde, mentiroso, hipócrita, insensible y brusco en su forma de anunciarte la noticia. Pero sigo sin saber cómo te sentiste en esa situación. Me cuentas lo que ocurrió y lo que pensaste, pero no me hablas de lo que sentiste. ¿Puedes explicármelo?

Ella duda. Suspira dos veces, se queda mirándose los zapatos y me dice con una voz de niña:

—Me sentí desamparada. Sentí un pánico horrible de quedarme sola. Era como si el suelo desapareciera bajo mis pies y me fuese a caer por un precipicio, sola, abandonada. ¿Sabes? Me acabo de dar cuenta de que es lo que mi madre debió de sentir cuando papá la dejó. Yo tenía dieciséis años y sabía que mi padre la estaba engañando. Cuando él se fue, le dije a mi madre que había llegado la hora de que pensase en ella, que dejase de sentirse atada a papá. No podía verla tan abatida, como si su vida hubiese concluido. Me di cuenta de que estaba envejeciendo a pasos agigantados. Después de insistirle en que tomara las riendas de la situación, acabé por dejar de ocuparme de ella, porque me hacía daño verla tan desesperadamente enganchada. Mi hermana, que tiene cinco años menos que yo, ya se había ido de casa con su pareja. Me decía que ella nunca sería como nuestra madre. Me aconsejaba que no me implicara tanto con mi madre y que viviera mi vida.

»Yo también creía que no era como mamá. Estaba realmente contenta por estar casada con un hombre que no se parecía a papá. ¿Cómo es posible que estuviese tan ciega? He hecho exactamente como ella: no he recuperado las ganas de vivir desde que Mario se fue.

—¡Bravo! Acabas de establecer una relación que te ayudará mucho. Dime, ¿puede que hayas acusado a tu padre de las mismas cosas que acusaste a Mario: ser cobarde, mentiroso, hipócrita, insensible y bruto en su manera de hablarle a tu madre?

—Exactamente.

—Sabemos que lo que viviste con Mario viene del hecho de que no hiciste las paces con tu padre. Lo que viviste con tu madre es otra cosa. El comportamiento que adoptó tu madre es el llamado *comportamiento de víctima*. Se puede reconocer en que la gente se queja, piensa que es desgraciada, atrae la desgracia y no consigue encontrar soluciones para salir del embrollo. ¿Te das cuenta de que te estás comportando como una víctima también?

—Estoy obligada a rendirme a la evidencia, pero no me gusta nada de nada esto. Incluso critico mucho a la gente que está todo el tiempo quejándose sin motivo aparente. Si tuvieran mis problemas, tendrían razón al compadecerse de su suerte. ¿Cómo puede ser que nunca me haya dado cuenta de que me quejo? Según yo, lo que hago es hablar de la realidad y no lamentarme.

—No seas tan dura contigo. Todos los que adoptan un comportamiento de víctima sufren por su herida de abandono. Tú misma acabas de decir que tu vida dio un giro brusco cuando Mario te abandonó. Tu herida de abandono se agudizó por esta situación y, por desgracia, te has quedado bloqueada en este sufrimiento después. No quiero detenerme en el asunto de las heridas hoy, me gustaría trabajar más sobre el verdadero problema y sobre lo que quieres en la vida.

»Te preguntas cómo no te diste cuenta antes de que eras como tu madre. Es nuestro ego el que quiere que no veamos lo que criticamos en los demás. Pero nuestro DIOS interior, que es nuestro gran amigo, insiste en hacernos saber lo que intentamos negar. La vida es maravillosa y se ocupa sin parar de atraer nuestra atención sobre todo lo que nos impide ser felices. Uno se siente mal cuando se entera de repente de lo que es realmente. Pero esta etapa es necesaria para que nos hagamos conscientes de lo que ya no queremos ser y nos dirijamos hacia lo que queremos ser.

»Acabas de descubrir que tienes la misma actitud de víctima que tu madre y que no te habías percatado de esto antes. Para ayudarte a encontrar lo que quieres ser, en lugar de seguir comportándote así, voy a plantearte algunas preguntas. ¿El hecho de estar separada qué nuevos problemas te crea que no tenías cuando estabas casada con Mario?

—No soporto estar sola. Nunca me acostumbraré. David estaba conmigo cuando nos separamos, pero él también me abandonó. Se fue de casa cuando empezó sus estudios universitarios. Compartía un pequeño piso con sus compañeros. Estaba tan ocupado con sus estudios y con su trabajo de fin de semana que no lo veía apenas. Su padre le costeó sus estudios, pero no pagó nada para los pequeños gastos que tenía su hijo. David los asumió y se puso a trabajar. Me sentí orgullosa de aquello, así no sería como su padre. Después de lo que acabo de descubrir, espero que no repita lo que su padre y su abuelo hacían. Vaya, un nuevo problema que no tenía antes... ¿Crees que se puede vivir una vida sin problemas? Mi hermana dice que sí. Es la única, que yo conozca, que nunca se queja de nada.

—Es utópico creer que hay gente sin problemas. Lo que nos diferencia es la manera de reaccionar ante las dificultades que se nos presentan en la vida. No puedo hablar por tu hermana, pero hay muchas posibilidades de que esté tan concentrada en no ser como vuestra madre que está negando los problemas que la rodean. Las dificultades que atraemos son necesarias para ayudarnos a descubrirnos y a fortalecernos. Una persona puede vivir un mal trance y estar en paz consigo misma. Para eso debe observar todo lo que le ocurra. Si niega el problema, lo rechaza, no por eso desaparece; al contrario, lo está alimentando sin saberlo al negarse a identificarse con él. Después, un día cualquiera, el problema explota. Pero bueno, quizá tu hermana es observadora, ¿quién sabe? Precisamente con estas preguntas puedo llegar a saberlo. Por el momento, hablemos de ti y de lo que quieres. Ya sabemos que tu mayor dificultad es que te sientes sola. ¿Qué quieres entonces?

—¡Es evidente! DEJAR DE ESTAR SOLA. Me gustaría conocer a un hombre en el que pueda confiar. Después de todo, estoy aún en la flor de la vida. Tengo cuarenta y cinco años, creo que aún tengo tiempo de rehacer mi vida. Al principio de mi separación, iba a bailar con una amiga y conocí a varios hombres. Me han presentado a varios, pero ninguna relación ha durado mucho. Creo que tengo demasiado miedo a que me engañen de nuevo. A veces fui yo quien no quiso continuar la relación, a veces fueron ellos. Ahora ya no tengo ganas de salir para buscar un nuevo compañero. Me gustaría que vinieran a buscarme. Quiero a alguien en mi vida, pero no quiero hacer esfuerzos por conseguirlo. Ya sé que me vas a decir que estoy siendo poco realista, pero es así. ¿Es eso envejecer? ¿Me estoy comportando como mi madre? ¿Me estoy haciendo vieja tan rápido como ella? ¡No puede ser! Necesito tomar alguna decisión. No quiero acabar mi vida como mi madre, que murió hace dos años y que siempre fue una desgraciada.

—Tengo que interrumpirte, porque no respondes a lo que te pregunto. Me dices lo que no quieres, pero no lo que quieres. No te preocupes, muchas personas hacen esto. Lo que quieren se basa en lo que no quieren, es decir, su miedo. Por eso lo que quieres depende de otra persona. Un verdadero YO QUIERO debe depender solamente de ti. ¿Quieres que te ayude?: puede que quieras más de una cosa en esta situación; puede que quieras estar bien incluso si estás sola o querer aprender cómo confiar más en los hombres; puede que quieras descubrir los medios para ver el lado bueno de las cosas antes que adoptar una actitud de víctima; puede que quieras encontrar un trabajo apasionante que te alegre la vida... Acabo de darte cuatro ideas, pero hay muchas más. ¿Te ayuda esto a descubrir lo que quieres? Nada cambiará en tu vida en tanto no tomes una decisión y digas con firmeza: «ESTO ES LO QUE QUIERO».

—No estoy acostumbrada a ver las cosas así. Solo con escucharte ya me siento mejor, más llena de energía. Nunca he pensado que había que actuar de ese modo que dices. En el fondo, es lo que quería hacer yo con mamá: ayudarla a encontrar algo que le devolviera la felicidad. Me imagino que ella también actuaba como yo. Estábamos tan ocupadas en ver solo lo que no queríamos ver que no podíamos plantearnos las cosas de manera diferente. Lo que me gusta más de lo que me has dicho es eso de estar bien incluso si estoy sola. Pero eso me parece imposible. Sobre todo, tengo miedo de que, si sucede, vaya a quedarme sola el resto de mis días.

—¿Te estás escuchando? Dime, si consigues estar bien sola, ¿qué diferencia habrá si no encuentras un compañero? Hablas así porque de momento no consigues estar verdaderamente bien incluso si estás sola. ¿Te acuerdas de lo que leíste en el libro, aquello de dejar ir?

—Sí. Me llamó la atención cuando decías que dejar ir nos ayuda a pasar a otra cosa y a menudo a dejar que llegue lo que queremos. ¿Quieres decir que si dejo de pensar en el asunto de querer un nuevo compañero voy a encontrar uno? Eso me parece utópico. Es como si dijera que me da lo mismo tener un compañero que no. Siempre he creído que para conseguir algo hay que pensar sin parar en ello.

—Te recuerdo que **dejar ir** no significa **dejar de querer una cosa**, sino más bien **estar bien incluso si no conseguimos un resultado favorable**. Es confiar por completo en tu Dios interior, que sabe exactamente lo que necesitas. Le confías tu deseo —en tu caso, tener un compañero—. Enseguida lo más probable es que vivas la vida con alegría, confiando en el universo, convencida de que, si es eso lo que necesitas, se producirá. Asegúrate, además, de que tus acciones son motivadas por lo que deseas y no por el miedo. Si dejas ir de verdad, la alegría entrará a formar parte de tu vida, se haga realidad tu deseo o no. Te recuerdo que nuestros deseos vienen de nuestra memoria, de nuestro cuerpo emocional y mental, mientras que nuestras necesidades responden a nuestro plan de vida, aquello que nuestra alma necesita vivir y aprender.

—¿Cómo se logra dejar ir?

—El medio más rápido y eficaz es la aceptación. En tu caso, debes hacer las paces con tus padres, pues este problema que estás viviendo desde tu separación parece estar relacionado con las heridas vividas con ellos.

—¿Hacer las paces con ellos? Mamá murió y no sé si mi padre está vivo o no. Mi hermana y yo lo vimos alguna que otra vez después de que se fuera, pero nos sentimos muy incómodas en su presencia. La última vez que nos vimos me dijo que se mudaba a Ontario, porque había conocido a una mujer que vivía allí. Es lo último que sabemos de él. De esto hace veinte años. ¿Cómo voy a hacer las paces con ellos?

—Puedes hacerlo por medio de la meditación. Tómate tu tiempo para relajar tu cuerpo. Lo puedes hacer sobre la cama, sentada, incluso tendida en la bañera. Con los ojos cerrados, te imaginas que estás delante de ellos. Es mejor que lo hagas solo con uno de tus padres cada vez, porque has vivido cosas diferentes con cada uno de ellos. Esta situación toca dos heridas diferentes.

Saco una hoja donde están escritas las siete etapas de la reconciliación y le explico detenidamente cómo ha de proceder.*

—Quizá encuentres difícil la etapa en la que debes acordarte de situaciones en las que tu padre pudo acusarte de las mismas cosas que tú. Recuerda, me has dicho que lo acusaste de cobarde, mentiroso, hipócrita, insensible y bruto en su manera de hablar. No olvides, como leíste en el libro, que lo que vives con otra persona está ahí para traer a tu memoria que tú te acusas de

---

* Estas etapas están descritas al final del libro, en la página 251.

lo mismo, pero que no quieres verlo. Cuando acusamos a otra persona, esta nos acusa de lo mismo y nosotros la acusamos de lo mismo también. Tómate el tiempo que necesites en cada una de las etapas.

Le propongo que vuelva a verme dentro de dos semanas, para comprobar cómo se está sintiendo después de esos ejercicios.

—Estoy muy satisfecha de haber venido, pero no estoy muy segura de poder conseguirlo. Todo esto es muy nuevo para mí. Sin embargo, estoy decidida a hacerlo, quiero de verdad que todo cambie. Pareces tan segura de que tu método de reconciliación es eficaz que me da fuerzas para ponerlo en práctica. Cuando vuelva dentro de dos semanas, ¿podría plantearte otro problema que me tiene muy intranquila? Mi empresa quebró hace siete años, siempre tengo problemas de dinero.

—Claro, hablaremos de ese asunto. Sería una buena idea que releyeses el capítulo en el que explico los comportamientos de una persona que actúa como víctima. Esto facilitará nuestra próxima entrevista. Además, si puedes leer el libro sobre las HE-RIDAS, te ayudará a comprender más lo que está sucediendo en tu vida.

—De acuerdo, pero tengo que confesarte que, cuando dices que actúo como víctima, me cuesta aceptarlo. Pienso que más bien HE SIDO VÍCTIMA de los actos de los demás en mi vida y que yo no tuve la culpa. Bueno, es hora de que me vaya. Voy a hacer lo que me has pedido: leeré esa información y volveremos a hablar. Ya he ocupado mucho de tu tiempo hoy, te lo agradezco.

Rita vuelve a mi despacho. Está triste.

—No tienes buen aspecto. ¿Qué quieres contarme?

—Como me dijiste, me senté en mi sofá preferido y me imaginé con mamá. Noté que no era tan mayor como justo antes de su muerte, que tenía más o menos mi edad. Le hablé y todo fluyó. Me confesó incluso que también había padecido que su madre fuese infeliz. Fue fácil para las dos ver que habíamos vivido la misma situación y que, en el fondo, no habíamos sabido de qué otra manera actuar. Me había puesto antes a leer el capítulo sobre la victimización y me ayudó a comprender tanto mi comportamiento como el de mi madre. Para terminar, nos abrazamos. Yo sentí tanta felicidad después de estos momentos de relax que, a partir del día siguiente, fui a comprarme un bonito vestido que había visto la semana anterior, que parecía estar hecho para mí. ¡Ahora tendré que buscar la ocasión para ponérmelo! —añade alegre.

Respira profundo y su mirada se entristece.

—Pero con papá no ha ido nada bien. Ni siquiera lograba visualizarlo. Las pocas imágenes que tenía de él estaban desenfocadas. ¿Por qué no puedo hacer lo mismo con él?

—Querida Rita, veo que te cuesta mucho aceptar que no tienes lo que deseas en el momento en que lo deseas, ¿me equivoco? Esta es una buena ocasión para poner en práctica aquello de dejar ir que ya hablamos el otro día. No intentes comprender lo que ocurre, simplemente acepta que no puedes controlarlo todo en tu vida, porque si lo haces mira lo que te sucede: te sientes triste, pierdes la alegría de vivir. El universo sabe cosas que nosotros no sabemos. Cuanto más quiere una persona controlar su vida, más situaciones que no puede controlar atrae, justo para enseñarle a que deje ir y confíe en el universo.

»Sigue en contacto con la buena intención de hacer las paces con tu padre. Cómo y cuándo ocurrirá, eso nadie lo sabe. Ya has dado un primer paso en ese sentido y solo te queda continuar insistiendo. ¿Has vuelto a intentar comunicarte con él después?

—No, me dije que con él era imposible. No me sorprendió, porque con los hombres nunca se hace lo que una quiere. Es la historia de mi vida.

Me río y le digo con picardía:

—¡Pobre Rita! ¡Qué difícil te lo pone la vida! ¡Qué desgraciada eres!

Ella empieza a mirarme con los ojos muy abiertos, sin saber muy bien si enfadarse o no. De repente, su mirada cambia, parece que se ha acordado de algo.

—Acabo de comprender por qué dices eso. Mencionas en tu libro el método que utilizas para ayudar a la gente a que se haga consciente de que actúa como una víctima. ¿Lo que quieres decirme es que me estoy haciendo la víctima? Sin embargo, lo único que he hecho es mencionar lo que pienso.

—Recuerda lo que acabas de decir. ¿No crees que te estabas quejando?

—Pues es la verdad. No conseguir lo que quiero en mis relaciones con los hombres es la historia de mi vida. Comenzando con mi padre, después con mi marido, con mi hijo y con tantos hombres como he encontrado por el camino. Incluso en lo laboral me cuesta mucho más tratar con hombres que con mujeres.

—Podemos hablar de una misma situación de diferentes maneras. Por ejemplo, podrías haber dicho: «Me he dado cuenta de que con papá no ha ido como con mamá. Me pregunto por qué siempre me resulta difícil alcanzar mis objetivos con los hombres y no así con las mujeres. Hay algo que no comprendo». Hay una clara diferencia en la energía que se despliega de estas frases y la que tiene las que tú has usado. La tuya parecía una queja.

»Es normal tener dificultades para entenderse con uno mismo. ¿Sabes qué ocurre? La mayoría de la gente va de víctima en diferentes grados y en diferentes terrenos. Se trata solo de hacerse consciente para no dejar que la victimización tome el control de nuestra vida. Entonces, para tu proceso con tu padre, solo tienes que intentarlo de nuevo, digamos una vez por semana. Te aseguro que las imágenes serán cada vez más claras.

»¿Sabes por qué poner en práctica las etapas de la reconciliación es más difícil con unas personas que con otras? ¿No? Pues porque lo que viviste con tu padre tocó una herida más profunda, te hizo mucho daño y volver a tocar la herida te da miedo. Esta reacción es completamente normal y humana. El hecho de aceptar que tienes miedos y heridas te ayudará a darte cuenta más fácilmente de lo que quieres.

—Por cierto, puesto que hablamos de heridas, leí tu libro sobre este asunto. Lo encontré apasionante y difícil a la vez. Me reconocí en varios aspectos. Tengo la impresión de que incluso tengo todas las heridas de las que hablas. Sobre todo, me vi reflejada en las de abandono y traición. ¿Por qué es tan difícil reconocerse? Tomé conciencia de varios aspectos de mí que no quería ver.

—Es preferible que no trates de comprenderlo todo de golpe. Puedes releerlo las veces que necesites. Verás cómo poco a poco tu ego dejará ir más fácilmente todo lo que aprendas. Al ego le cuesta mucho aceptar todo lo que implique asumir responsabilidades. Prefiere que continúes creyendo que, cuando sufres, es por culpa de los demás y no por las heridas no curadas.

»También te puedo decir que reconciliarse con los padres es siempre más difícil que con cualquier otra persona. Lo que puede ayudarte en tu proceso con tu padre es hacerlo con Mario, pues él vino a despertar la herida que tú habías vivido con tu padre. Es un proyecto bueno para ti, que puedes poner en práctica en las semanas próximas. Solo tienes que seguir las etapas de la reconciliación y del perdón sobre una hoja de papel. Tómate el tiempo que necesites para las primeras etapas. Sobre todo, rememora bien la época en la que vivías con Mario y anota todo lo que te venga a la mente, sin olvidar de qué lo acusaste. Según creo, Mario se encontrará con gusto contigo cuando estés preparada, pues él está pasando también por el mismo proceso. No olvides preguntarle en qué momento de vuestra vida de casados pudo acusarte de las mismas cosas que tú. Quizá no sea fácil para ti entender lo que te diga, pero verás lo bien que os vais a sentir después de este intercambio.

»Hacer las paces con Mario te ayudará al mismo tiempo a hacerlas con tu padre. Verás lo fácil que será después con este último. Lo más importante es permanecer en contacto con la intención, con el objetivo que quieres conseguir. Para ti, lo más complicado ya ha pasado. Tienes la intención sincera de perdonar a los demás y de perdonarte a ti misma, eso es lo que cuenta. Puede que tardes un año en llegar, pero eso no es grave. Despacito, tu corazón vencerá a tu ego y lo lograrás. ¿Cómo te sientes al pensar en volverte a ver con Mario y compartir lo que has vivido con él?

—¡Escuchándote parece tan fácil! No tengo ni idea de si voy a conseguir mi meta ni cuándo lo haré, pero estoy completamente decidida a pasar a la acción. Es hora de tomar el control de mi vida, no puedo seguir siendo tan desgraciada. Estoy muy contenta de tener por fin una guía que seguir, algo en concreto que hacer. Eso me va a ayudar a saber que, sea lo que sea que comience ahora, nada va a ir a peor en mi vida. No queda más que mejorar. ¡Qué feliz coincidencia haberme encontrado con Mario en el momento en que más lo necesitaba! Espero que sea el principio de una vida mejor.

—Si continúas pensando así, verás cómo va a repercutir para bien en tu vida. Te aconsejo sin embargo que digas: «SÉ que es el principio de una vida mejor» en lugar de: «Espero...»; es mucho más positivo y le da más fuerza a tu proceso. Otra cosa: crees que tu encuentro es fruto del azar, pero en realidad eres tú quien lo ha provocado. El azar es tu DIOS interior trabajando.

»Inconscientemente tuviste que decidir que ya era hora de hacer algo para mejorar tu vida y propiciaste ese encuentro, que respondía a tus necesidades. Supiste aprovechar esa ayuda que se te presentó. Si supieras la de veces que nos dan este empujoncito y no lo aprovechamos... Te felicito, has pasado enseguida a la acción. Enhorabuena por tu determinación. Quizá haya momentos en los que dudes de tu capacidad de cumplir tus fines, pues la parte víctima que hay en ti intentará tomar el mando. Si eso te sucede, concédete el derecho a dudar durante cinco minutos y después vuelve a lo que quieres.

»Ahora pasemos al otro asunto que querías que abordase, el de tu vida profesional. Veo en tu ficha que trabajas en una tienda de ropa de señora. También has mencionado que el negocio quebró. ¿Qué problemas tienes en este momento?

—Cuando David se fue de casa, me dije que necesitaba trabajar. Encontré un empleo en una tiendecita de ropa interior femenina. La dueña era una señora muy mayor y me gustaba mucho trabajar con ella. Pasado un tiempo, se puso enferma y me ofreció venderme la tienda. Me pidió solo una pequeña cantidad para empezar; después tendría que pagarle una mensualidad. ¡Era un golpe de suerte que no me esperaba! Mamá me dio la suma inicial que necesitaba. Me dijo que lo aceptara como parte de la herencia que me correspondía. ¡Me sentía tan feliz! Pero poco a poco me fui dando cuenta de que la tienda necesitaba mucho trabajo. Tenía que ocuparme de todo: de las compras, de la contabilidad, de la joven empleada que tuve que contratar, de la publicidad... Siempre había algo que hacer. Cada vez me sentía más cansada y comenzó a dejar de gustarme aquel trabajo. Era un suplicio levantarse por la mañana.

»Cuando les pedía consejo a Mario y a David, me decían que vendiera el negocio si era una carga demasiado pesada para mí. Intenté hacerles caso, pero siempre se me escapaba contarles a los eventuales compradores que la tienda necesitaba mucho trabajo. Además, había cometido errores de compra adquiriendo demasiadas prendas que no se vendían bien y me endeudé con el banco. Finalmente, no me alcanzaba para pagar a la señora que me había vendido la tienda y cada vez me sentía peor. Me declaré en quiebra, siguiendo el consejo de mi contable, pero ahora me siento culpable frente a esa señora, que tan amable se ha portado conmigo. Después de la quiebra solo le pude devolver una parte del total que le debía.

—¿Recuerdas de qué te acusaste a ti misma cuando ocurrió aquello?

—De insensible, de incapaz, de cobarde, de egoísta... A menudo pensé que, si hubiese perseverado y encontrado a alguien que hubiese querido asociarse conmigo, todo aquello no habría ocurrido. Durante al menos dos años estuve pensando en todas las soluciones que habría podido darle a aquel problema. No dormía por las noches. Un día, mi amiga Nicole me dijo que mi actitud no arreglaría nada y que, si no dejaba de obsesionarme, caería enferma. Lo conseguí durante un tiempo.

»Tras quebrar, encontré trabajo como camarera en el restaurante de la esquina, pero no me sentía feliz allí. Después de que mi amiga Nicole me hablase de aquella manera, había decidido cambiar de ocupación. Estaba segura de que eso me ayudaría. Después encontré un empleo en unos grandes almacenes en la sección de ropa para señora, pero me dije que quizá me iba a recordar demasiado a la tienda. Finalmente, no fue así, me habitué al sitio y allí seguí.

»En este trabajo también tengo problemas, aunque ahora son diferentes. La jefa es muy amable, pero solo cuando su marido, Luc, no está allí —otro hombre que quiere hacer lo que le venga en gana y que quiere controlar a las mujeres—. Somos cuatro empleados, aparte de la jefa. A él parece que le gusta encontrarnos defectos cada vez que pasa por allí. Me gusta mucho mi trabajo, pero nunca sé cómo actuar cuando llega Luc. Me da la impresión de que, aparte de ayudar a su mujer con el negocio, tiene otras actividades. Se colgó el título de «emprendedor», pero el que mejor le viene es el de «controlador», según mis compañeras y yo.

»Es el encargado de pagarnos el sueldo. Si una de nosotras ha sido más productiva durante un mes y merece un sueldo mayor, parece que se le rompe el corazón cuando tiene que pagarle. Recibimos un salario fijo y tenemos una cuota de venta que alcanzar. Cuando la sobrepasamos, al final de mes recibimos un diez por ciento de las ventas adicionales. Creo que es un sistema muy motivador. No comprendo por qué él reacciona tan mal. Si debe pagar una buena comisión a una de nosotras es señal de que ha hecho muy buenas ventas. A mí me encantaría entregarle un gran cheque de comisión a cada empleada todos los meses. ¿Estás de acuerdo?

—No quiero perder el tiempo hablando sobre lo que hace tu jefe, lo importante de todo lo que me acabas de contar con respecto a tu vida profesional es lo que vives tú. Volvamos a la culpabilidad que sentías después de la quiebra. Dime, cuando pasó aquello, ¿tenías la intención de perjudicar a alguien, por ejemplo a esa señora mayor?

—Al contrario, intenté retrasar la decisión todo lo que pude. Pero llegó un momento en que tuve que hacerlo, me estaba endeudando cada vez más y tenía la impresión de que me metía en un agujero sin fondo. Tenía cada vez más dificultades para tomar decisiones y, cuando por fin lo hacía, las volvía a poner en cuestión. ¡Qué infierno! Ahora comprendo a mis padres, que repetían a menudo que era peligroso endeudarse, que eso solo puede acarrear problemas. Tuvieron que vivir algo semejante.

—¿Ves? De nuevo has encontrado una conexión con tus padres. Cualquiera entendería, según lo que acabas de decir, que tus padres y tú tenéis la misma creencia. ¿Te das cuenta de por qué te sucede esto? ¡PORQUE LO CREÍAS! Creamos sin parar en función de lo que creemos. Seguro que querías tener éxito en los negocios, pero creías que endeudarte te traería problemas y peligro, y por lo tanto has declarado la quiebra. Lo bueno de la historia es que has tomado conciencia de tu gran poder para crear. Ahora solo te queda decidir si alcanzar lo que quieres en lugar de lo que no quieres, pero en ese momento, no sabías que creías que DEUDA = PELIGRO = PROBLEMAS. ¿Quieres continuar creyendo eso?

—Tienes razón. Cada vez que me he endeudado he sentido dolor en el vientre. Creía que todo el mundo vivía lo mismo. ¿Quieres decir que es posible endeudarse sin sentir miedo de no tener suficiente para devolverlo? Eso me parece difícil de creer. ¿Cómo puede una persona estar segura del futuro, de que va a encontrar el dinero necesario para pagar su deuda?

—Seguro que has escuchado alguna vez la expresión «creamos nuestro futuro según nuestro momento presente», ¿verdad?

Pues bien, así es. Vivías con la certeza de que llegaría algo peligroso, y es eso lo que creaste. Si hubieses vivido pensando que encontrarías el medio para devolver el dinero de tu deuda, es lo que habrías creado.

—¿Cómo puedo conseguir cambiar lo que creo?

—No hay más que un camino: LA ACEPTACIÓN. Debes comenzar por aceptar que, cuando decidiste declarar la quiebra, estabas prestando atención a tus necesidades en ese momento y que no tenías ninguna mala intención. Acepta el hecho de que todos tenemos nuestras limitaciones y que, si uno no identifica y sobre todo no acepta sus propios límites, le está haciendo mucho daño a su cuerpo, a su mente y a sus emociones.

»Después tendrás que aceptar que tus padres, que te hablaban del miedo al peligro posterior a un endeudamiento, lo hacían creyendo sinceramente que te protegían para más adelante. Ellos tampoco tenían intención de perjudicarte. Solo cuando hayas aceptado que has creído en lo mismo que tus padres, que estás convencida de que era por tu bien, podrás lograr creer en otra cosa. Como te has hecho consciente de que esta creencia no le conviene a tus necesidades, ahora puedes decidir lo que quieres verdaderamente, no necesitas reemplazarla por otra. Solo tienes que permanecer en contacto con lo que quieres y actuar en consecuencia.

»Poco a poco, a medida que nos liberamos de las creencias que no nos son útiles, nos vamos dirigiendo hacia lo que queremos. Así es como puedes llegar a cambiar lo que crees. ¿Cómo te sientes después de escuchar esto? ¿Podrás permitirte creer que eres humana y que por lo tanto tienes unos límites?

—Sí, eso me hace mucho bien. Es como si amaneciera un nuevo día. Pero, dime, ¿esto va a durar para siempre o me volveré a sentir culpable y a acusarme como hacía antes?

—Tu pregunta es muy legítima. Cuando uno empieza a transformarse en alguien mejor, el ego toma a menudo el mando y nos hace dudar de esta nueva dirección. Es la resistencia del ego, algo totalmente normal. El ego solo piensa en una cosa: alimentarse. Tiene miedo de que, si cambias demasiado, le vaya a faltar el alimento y desaparezca. Debes calmarlo recordándole que se trata de tu vida y que no es responsabilidad tuya alimentarlo. Tu única responsabilidad es asumir las consecuencias de tus decisiones. Por lo tanto, tampoco es responsabilidad del ego asumir las consecuencias de tu nueva decisión. No tiene por qué preocuparse por ti, tú ya te sientes preparada para hacer frente a las consecuencias de lo que te ocurra. Recuerda que tu ego no tiene poder para decidir por ti, que solo tú puedes dejarle que decida. En cuanto sienta tu seguridad, se echará con gusto a un lado, ya no se responsabilizará de lo que te suceda.

»Si alguna vez la antigua responsabilidad vuelve, sabrás enseguida que es esa creencia frente a las deudas lo que vuelve a la superficie. Entonces podrás corregirte y decidir lo que quieres. Es muy frecuente que una creencia vuelva a la carga, pero se manifestará cada vez menos a menudo y durará cada vez menos tiempo.

»Vamos a terminar esta entrevista con el otro problema del que me hablabas: tu dificultad con el jefe de la tienda. ¿Te das cuenta de que, aunque él diga o haga, no es eso lo que te molesta, sino TU PERCEPCIÓN, que está influenciada por tus heridas? Esto explica por qué ciertas personas te molestan más que otras. ¿Has notado que una persona puede actuar de la misma forma que otra, pero que ese comportamiento te molesta más viniendo de una de ellas? Por lo tanto, no es el comportamiento lo que sienta mal, sino lo que esa persona con ese comportamiento despierta en ti. ¿Qué herida crees que se te activa con él?

—Creo que es muy injusto con su mujer y con todas nosotras. Se cree más importante de lo que es realmente y quiere siempre decidir en todo. Está obsesionado sobre todo con tener la última palabra y está convencido de que tiene razón. Aunque se dé cuenta de que se ha equivocado, es incapaz de admitirlo. Como te dije, atraigo a este tipo de hombres. No comprendo cómo Louise, mi jefa, lo soporta. Veo que le irrita, pero siempre dice que no quiere pelearse, por lo que prefiere no decir nada y poner cara de que él tiene la razón; la realidad es que, cada vez que puede, ella hace lo que le parece. Por eso tiene que mentir a menudo y hacer las cosas a escondidas. Nos dice que cuando están solos, es mucho mejor, que él solo intenta impresionar para enseñarnos quién es el jefe.

—Aún no me has dicho qué herida te ha activado él.

—Debe de ser la de la injusticia, porque lo encuentro muy injusto.

—Según la descripción que me has hecho de ese hombre, parece que lo acusas y lo juzgas constantemente. ¿Es así?

—Por supuesto, lo acuso de todos los males. Y no soy la única: mis compañeras hacen lo mismo. Él es el culpable. Por culpa de su actitud arrogante e intransigente lo estamos pasando todas mal.

—Tengo que decirte que la respuesta que me acabas de dar viene de tu ego, que está herido. No es la herida de la injusticia, sino más bien la de la traición, la que se te ha reavivado con ese hombre. Si fuera la de la injusticia, te acusarías a ti o acusarías a tu jefa de dejar que su marido actuara contra todas.

—¿Cómo puede ser que mis compañeras o yo podamos llegar a acusarnos a nosotras mismas, mucho menos acusar a la pobre Louise?

—Me haces reír. Deberías verte. ¡Qué reacción! Sigue tu ego al mando, no tu corazón. No te preocupes, te pasa como a otras muchas mujeres. Cuando nos sentimos heridas, esa es la señal de que nuestro ego retoma el control y que ya no somos nosotras mismas. El ego debe encontrar siempre un culpable: si no nos acusamos a nosotras, acusamos a otra persona. Es imposible para él quedarse observando, debe siempre colorear la situación, para bien o para mal. Cuanto más fuerte es nuestra reacción, más profunda y dolorosa es la herida.

»Por lo tanto, viendo la reacción que has tenido con tu jefe, está claro que la herida de traición que llevas contigo es intensa. La manera de gestionarla es que vivas con él lo mismo que te aconsejé con Mario; si no, nada cambiará. Sobre todo, corres el riesgo de quedarte bloqueada en el presente, lo que impedirá que te abras a nuevas experiencias profesionales. Esta es una información que puede ayudarte cuando hagas tus etapas de reconciliación. La mayor parte del tiempo, cuando vivimos algo difícil en nuestra vida profesional, podemos establecer una relación con nuestra vida escolar o con todo lo que tiene que ver con nuestra capacidad de aprendizaje cuando éramos más jóvenes.

Terminamos la entrevista revisando lo que Rita ha retenido de lo que tendrá que hacer si quiere mejorar su vida profesional.

RECUERDA...

♡ Quienes nos rodean pueden cambiar de actitud con respecto a nosotros solo si comenzamos a cambiar algo en nosotros. Antes de que nuestra actitud interior pueda cambiar, es imperativo que seamos conscientes de que la que tenemos no nos beneficia.

♡ Se reconoce que alguien se está comportando como una víctima cuando se queja, se cree sin suerte, atrae una desgracia después de otra y no logra encontrar una solución para salir de eso.

♡ Nuestro ego no quiere que veamos lo que criticamos en los demás, pero nuestro DIOS interior, que es nuestro gran amigo, insiste en ponernos por delante lo que intentamos negar. La vida se ocupa siempre de atraer nuestra atención sobre todo lo que nos impide ser felices. Esta etapa es necesaria para que nos hagamos conscientes de lo que no queremos ser y nos dirijamos hacia lo que queremos ser. Las dificultades que atraemos son necesarias para ayudarnos a que nos descubramos y nos fortalezcamos.

♡ Podemos vivir una adversidad estando en paz con nosotros mismos. Para esto tenemos que observar todo lo que ocurre. Si negamos el problema, lo rechazamos y, por lo tanto, no desaparece. Al contrario, lo alimentamos a nuestras espaldas al negarnos a identificarnos con el problema. Después, un día cualquiera, explota.

♡ Nada puede cambiar en nuestra vida si no tomamos la decisión de decirnos con firmeza: «ESTO ES LO QUE QUIERO». Un verdadero YO QUIERO debe depender solo de uno mismo.

♡ Dejar ir no significa no dejar de querer una cosa, sino estar bien incluso si no conseguimos el resultado que deseamos. Es confiar por completo en nuestro DIOS interior, que sabe exactamente lo que necesitamos.

♡ Nuestros deseos vienen de nuestra memoria, de nuestro cuerpo emocional y mental, mientras que nuestras necesidades responden a nuestro plan de vida; es eso lo que nuestra alma realmente necesita vivir y aprender.

♡ El universo sabe cosas que desconocemos. Cuanto más quiera controlar su vida una persona, más situaciones que no puede controlar atraerá, justo para que aprenda a dejar ir y a confiar en el universo.

♡ Creamos sin parar nuestro futuro en función de lo que creemos y según nuestro momento presente. Lo creamos también sobre la base de la seguridad que tenemos frente a cualquier situación. A medida que nos liberamos de las creencias que ya no nos son útiles, nos dirigimos más hacia lo que queremos, porque estamos convencidos de saberlo.

♡ Todos los humanos tienen límites. Cuando una persona no identifica y sobre todo no acepta sus límites, se causa mucho daño físico, mental y emocional.

♡ El ego solo piensa en alimentarse. Tiene miedo de que, si cambiamos, le vaya a faltar su comida y desaparezca. Tenemos que tranquilizarlo recordándole que se trata de nuestra vida, que estamos en nuestro derecho de tomar nuestras decisiones, que no es responsabilidad nuestra alimentarlo. Nuestra única responsabilidad es asumir las consecuencias de nuestras decisiones; por lo tanto, no le corresponde a él asumir las consecuencias de las nuestras. No tiene que molestarse por nosotros cuando estamos preparados para hacer frente a las consecuencias. El ego no tiene el poder de decidir por nosotros; somos nosotros quienes dejamos que él decida. Cuando nos ve seguros, se echa a un lado y deja de sentirse responsable de nosotros.

♡ El azar es nuestro DIOS interior en acción. Atrae hacia nosotros lo que necesitamos.

♡ Sea lo que sea lo que diga o haga alguien, no es eso lo que nos molesta, sino **nuestra percepción**, que está influenciada por nuestras heridas. Esto explica que ciertas personas nos molesten más que otras.

♡ El ego siempre tiene que buscar culpables: si no nos acusamos a nosotros mismos, acusamos a otra persona. Es imposible para el ego limitarse a contemplar, siempre tiene que colorear la situación juzgándola como buena o mala, pues así se alimenta.

♡ La mayor parte del tiempo, cuando vivimos una situación difícil en nuestra vida profesional, podemos establecer un paralelismo con nuestra vida escolar o todo lo que tiene que ver con nuestra capacidad de aprendizaje cuando éramos más jóvenes.

Capítulo 7

ACEPTAR LA ENFERMEDAD

—Buenos días, Anna. Me agrada mucho volver a verte. Nuestro último encuentro fue hace ya varias semanas. ¿Qué ha ocurrido en todo este tiempo?

—Para comenzar, quiero agradecerte tus consejos sobre las tareas del hogar. Esperaba que pasarían varias semanas antes de hablarte de esto, porque creía que el acuerdo no iba a durar. La tarde que vinimos a consulta Mario y yo nos fuimos a cenar a un restaurante. Sandra nos dijo que una amiga venía a recogerla para preparar su examen de Matemáticas. Cuando volvimos hacia las nueve de la noche, estaban las dos sentadas delante de la tele comiéndose un gran sándwich y se habían servido una Coca-Cola.

»Sandra me dijo: «Habéis llegado antes de lo que pensaba. Acabamos de terminar de estudiar y teníamos hambre. Le he ofrecido a mi compañera que comiera algo conmigo. Mamá —me dijo cuando me dirigía a la cocina—, no te enfades, lo limpiaré todo después». ¡Qué horror! ¡Deberías haber visto cómo dejaron la cocina! Como si un tornado hubiera pasado por allí.

Todos los ingredientes para rellenar sus grandes sándwiches estaban esparcidos por la encimera y también todo lo que Sandra había utilizado para prepararlos. ¿Cómo es posible que una sola persona pueda provocar tanto desorden? Sentí enseguida que el olor de la mostaza me subía por la nariz. Cuando estaba a punto de empezar a lanzar improperios, Mario me paró y me dijo en voz baja: «¿Te acuerdas de lo que Lise nos ha dicho esta tarde, que teníamos que sentarnos los tres para definir exactamente las tareas de cada uno? No puedes hacer eso esta noche, estás enfadada. Creo que sería mejor que tengamos todos la cabeza fría para hablarlo. ¿Qué me dices? Venga, voy a ayudarte a limpiar todo esto, porque conozco a nuestra hija, y cuando dice "más tarde", siempre lo deja para más tarde. Hablamos de este asunto mañana, ¿vale?». Solo el hecho de que Mario me ayudase a recoger era ya algo inhabitual.

»Estaba tan contenta que seguí lo que nos propusiste. Al día siguiente por la mañana, le dimos a Sandra la opción de decidir si quería formar parte de la familia a todos los niveles. Durante el día había elaborado con tranquilidad una lista de cosas que hacer para los tres, fuese cual fuese la elección de Sandra. No necesité utilizarla. A ella le quedó claro rápidamente que yo estaba determinada por completo a que lo concerniente a la comida y la cocina se regulase. Fue bastante fácil repartirnos el resto de las tareas. Decidimos que quien hiciese la comida no tenía que lavar los platos después, que serían los otros dos los encargados.

»Además, Sandra se dio cuenta de que le encanta cocinar. Una tarde me gastaron una broma. Prepararon una supercomida para sorprenderme que supuso utilizar muchos utensilios de cocina. Después me dijeron que tenía que limpiar todo sola, pues ellos ya habían cumplido su parte. Yo no me enfadé, incluso fui capaz de reírme diciéndoles que aquello no era lo firmado, pero que de vez en cuando se podía aceptar.

»No digo que sea siempre perfecto. A veces Sandra vuelve a decir «más tarde» y, si me enfado, ese «más tarde» es realmente tarde. Cuando dejo ir y me digo que no es tan grave que su tarea no esté hecha inmediatamente, la hace antes. Me gusta también cuando negociamos si uno quiere ser reemplazado en una tarea. Siempre acabamos riéndonos. Una vez más, muchas gracias, Lise, porque la atmósfera en casa es mucho mejor.

»Ahora quiero compartir contigo lo que me pasó con mi madre. Hablé con ella, como había acordado contigo. La conversación se desarrolló mucho mejor de lo que pensaba. Le confesé que sentía terror de seguir engordando y que creía que tenía miedo de tener su imagen física, porque la he juzgado muchas veces por no cuidarse. Después le conté que mi gran miedo era perder a Mario, que se fuera por haber encontrado a otra mujer más guapa y delgada que yo. Entonces su cara enrojeció completamente. Supe en ese momento que había tocado un tema que le afectaba. Le hablé de lo que nos enseñas, que es normal que una hija tenga los mismos miedos que su madre. Me miró intensamente, estaba a punto de llorar. Le pregunté si ya había sentido ese miedo.

»Entonces recibí la sorpresa de mi vida. Me confesó que papá había tenido una amante y que los había descubierto. Finalmente, por lo visto mi padre se sintió tan culpable que renunció a su amante y le prometió a mamá que nunca volvería a las andadas. Ella cree que mantuvo su promesa, pero siempre vivió con la duda. Por eso es tan obediente, para que no la deje.

»Yo le hablé de su peso para comprobar si eso también le costaba aceptarlo. Acabó asintiendo, pero como, según parece, le es imposible adelgazar, prefiere no pensar en eso. Me contó que lo había intentado con toda clase de productos y de barritas, pero nada le había funcionado. Se pesaba todas las mañanas, pero la aguja de la báscula no se movía apenas. Un día decidió tirar la báscula a la basura y dejar de intentarlo. Incluso quitó los espejos de los armarios para no verse reflejada, con el pretexto de que quería poner puertas nuevas de madera.

»Es increíble lo desconocidos que nos pueden llegar a resultar nuestros padres, ¿verdad? Pasamos la sobremesa del domingo juntas y descubrí muchas cosas que no sabía. Nos hizo mucho bien hablarnos así de lo que habíamos vivido las dos. Parecía que no éramos madre e hija, sino dos amigas que se conocían desde hacía mucho tiempo. De haber sabido que podía mantener esa conversación con ella, hace mucho que la habría tenido. ¿Por qué cuesta tanto que padres e hijos se abran así? ¿Por qué tenemos tanto miedo?

—Es por la educación que hemos recibido. Desde muy pronto, aprendemos que una figura de autoridad está ahí para criticarnos, para juzgarnos, para reprendernos todo lo que no hacemos bien. Creemos que nuestros padres o los adultos en general no nos comprenden. Por eso hay tanta diferencia entre generaciones. Está el padre y el hijo, el profesor y el alumno, el jefe y el empleado, etc. Pero con la Era de Acuario todo está cambiando. Ahora tenemos que acostumbrarnos a las nuevas corrientes de pensamiento de esta nueva época. Una de las transformaciones es aceptar que somos todos iguales y que todos tenemos algo que aprender del otro. El padre o la madre pueden descubrir muchas cosas sobre ellos mismos gracias a los niños, lo mismo que los niños descubren lo que tienen que aceptar gracias a sus padres. Esto ocurre así en todos los terrenos de la vida.

»Además, tu madre se ha abierto porque no se ha sentido acusada por ti. Ese es el secreto de la buena comunicación.

Dime, ¿fuiste capaz de hablarle a Mario de la misma manera? Tenías que hablarle de tu miedo a engordar y sobre todo de lo que queda oculto tras él.

—Sí, lo hice el mismo día que hablé con mamá. Estaba muy animada por lo que acababa de ocurrir con mamá y creía que la charla iría igual de bien, pero no fue así. Me escuchó con educación y le confesé mi miedo a perderlo si continuaba engordando tanto. Me contó que a él también le costaba aceptar que cada año estuviera engordando más y que le gustaba más cuando era más delgada. Me puse a llorar. No supe qué decir, pensé que en cualquier momento me diría que me dejaba. Voy a contarte lo que ocurrió luego para que me digas qué error cometí. Me parece que hice lo que me aconsejaste, como lo hice con mamá, pero no sé.

»Cuando vio que no paraba de llorar, se levantó para salir de la habitación.

—Muy bien, sálvate. No eres más que un cobarde. ¿Dices que me amas y hasta hoy no me dices que me vas a dejar si continúo engordando? ¿Por qué no me hablaste antes de esto?

—Jamás he dicho que vaya a dejarte. Eres tú quien saca esas conclusiones. No pongas en mi boca palabras que no he dicho. Acabo de decir que te prefería delgada. ¿Qué hay de malo en eso? Dime, si yo engordara, ¿te gustaría?

—Tú también has cambiado desde que nos conocemos. Has perdido la mitad de ese pelo que tanto me gustaba. Te sueles vestir de un modo que tampoco me agrada. La piel de tu vientre y de tus nalgas está mucho más floja que antes y tienes michelines. Yo también habría preferido que no cambiases. ¿No crees que es utópico creer que vamos a mantener el mismo cuerpo al cabo de veinte años?

—Me dijiste hace algunos minutos que tenías algo importante que compartir conmigo, pero veo que lo que buscas es pelea. Es domingo por la tarde y tengo que levantarme muy temprano mañana. No tengo nada de ganas de acabar el día riñendo. Sería preferible que habláramos de todo esto en otro momento.

»Entonces, salió de la habitación para ir a ver la tele y yo me quedé con la boca abierta. No ocurrió como yo esperaba. Ha pasado una semana de aquel encuentro y no he sido capaz de retomar la conversación. Si supieras lo culpable que me siento por haberle dicho todo eso... La atmósfera ha estado muy tensa durante toda la semana. No sé cómo hacer para aclarar esta situación. Tengo miedo de hablarle, siempre lo dejo para mañana.

—¿Alguna idea de por qué la situación se ha enrarecido? ¿Te acuerdas de lo que hablamos antes? ¿Qué se esconde detrás de todas las situaciones que hacen que vivamos emociones?

—Ahora que me lo preguntas estoy cayendo... ¡He reaccionado tan violentamente por mi herida de abandono! Ahí es donde he actuado de modo distinto con él. ¿Cómo no me he dado cuenta antes? ¡Es tan evidente!

—Tienes razón. Tu dolor empezó con tu miedo a ser abandonada. Cuando comenzaste a sentir la rabia y a acusarlo, caíste en la herida de la traición y en un comportamiento sin control. Si hubieras vivido solo el abandono, habrías seguido llorando o suplicándole que no te dejara. ¿Está claro ahora?

—Sí, pero ¿por qué no me afectó durante la conversación con mamá, si hice lo mismo que con Mario? No necesitas responderme, lo sé. Me sorprende siempre ver a qué velocidad obtengo una respuesta cuando me planteo una buena pregunta. Siento que Mario me acusa porque no me acepto a mí misma.

¿Qué debo aceptar exactamente para conseguir hablarle sin enfadarme y sin sentirme acusada?

—¿Recuerdas que rápidamente dedujiste que te dejaría si continuabas engordando? Esta reacción llegó para ayudarte a que tomes conciencia de que estás convencida de que ESTAR GORDA es igual a SER ABANDONADA. Eso debes aceptarlo. Lo que ocurre en ti es que te culpas de estar engordando mientras estás convencida de que es la mejor manera de perder a Mario. Esto es lo primero que no aceptas. Lo segundo es que te culpas de creer en algo que pone un freno a tu felicidad y a tu libertad de ser lo que eres en cada momento. ¿Ves? Es importante para ti engordar, para que puedas tomar conciencia de esta creencia y de que ya no te es útil. Más que nada te causa infelicidad. En lo más profundo de ti sabes que solo quieres creerte aquello que te aporte felicidad.

»Recapitulemos. Crees que estar gorda es igual a ser engañada y, posiblemente, abandonada por tu pareja. Es la misma creencia que tenía tu madre. Te recuerdo que no crees en esto porque tu madre haya creído en eso siempre, sino que esa creencia idéntica fue una de las razones por las que os habéis sentido atraídas la una por la otra. Después, en un momento de tu vida, decidiste que no serías como tu madre. El hecho de que tu madre, a pesar de su peso, esté aún con su pareja, y viva sometida y triste, te empuja a creer que, si no quieres terminar como ella, tendrás que pensar que es cierta tu creencia de que Mario va a engañarte y te va a dejar un día, para no sufrir lo mismo que tu madre. ¿Esto tiene sentido para ti?

Anna dice que sí con un gesto, pero con duda. Le doy un momento para que asimile mejor lo que acabo de expresar y le pido que me repita lo que ha entendido.

—Veo que has entendido perfectamente. Una situación como esta es difícil de vivir, pues entran en juego creencias que se contradicen. No te hará más feliz que elijas ser como tu madre o no. Desgraciadamente, nuestro sistema de creencias no sabe que mientras más creamos en algo, más lo provocamos. Por eso has engordado, porque ponías el énfasis en NO ENGORDAR, y el subconsciente solo comprende las imágenes que acompañan a los pensamientos, en tu caso, la imagen de una persona gorda. Qué capacidad para crear tenemos, ¿verdad? Llegará el día en el que veas tan claro lo que quieres realmente que lo utilizarás para tener en cuenta tus necesidades.

»A donde tienes que llegar en esta vida es a concederte el derecho a subir de peso sin creer obligatoriamente que tu pareja te abandonará por eso. ¿Sabes por qué nuestro ego nos da miedo para alimentar nuestras heridas? **Porque está convencido de que no podremos soportar el dolor que vivamos cuando una herida se active, que podemos incluso morir.** Dime con sinceridad, si Mario te dejara, ¿morirías?

—Quizá no moriría, pero debo decirte que me duele el corazón solo de pensar que eso pueda suceder. No sé cómo saldría de esa. ¿Por qué se sufre tanto solo con pensarlo? Conozco mujeres que se vieron solas: muchas de ellas salieron muy bien de la situación. ¿Por qué tengo que ser yo menos?

—Antes me preguntabas lo que tu madre había vivido cuando descubrió que tu padre la engañaba. Aunque creas que no te enteraste de nada porque eras muy joven, seguro que captaste el dolor y el miedo intenso al abandono que tenía tu madre. Es muy habitual que los niños oculten un dolor de este tipo, pues la mayoría no sabe cómo gestionarlo. También tu ego aprovechó la ocasión para tomar el mando y protegerte. Tuviste que decidir, inconscientemente, que harías lo posible por no verte jamás en esa situación.

»Este dolor se reavivó a tus espaldas cuando Mario dejó a su mujer para casarse contigo. Aunque fue él quien la abandonó, tu miedo se ha reactivado. Es por lo tanto completamente normal que continúes con el temor a que te deje, sabiendo que ya lo ha hecho en otra ocasión. Estás viviendo lo mismo que tu madre: dudas que tu felicidad con él pueda durar.

»Por eso, el único medio de llegar a curar tu herida de abandono es ser capaz de aceptar que el abandono te puede suceder y no juzgarte por ello, ni a ti ni a los demás; es saber que algunas experiencias de abandono deben ser vividas por todos, recordando que el que deja no quiere necesariamente hacer daño al otro, está solo expresando sus límites o sus necesidades. **Esa es la razón de existir de todos: vivir todas las experiencias que atraemos en la aceptación y sin juicios.**

»Cuando puedas imaginarte viviendo un abandono serenamente y en el momento presente, pero sobre todo sabiendo que la vida continúa para ti, en ese momento tu ego aceptará que tiene que dejar de imponerte sus creencias. ¡Que no haya malentendidos! No estoy diciendo que si aceptases la idea de que podrías hacer frente a un abandono, Mario te abandonaría automáticamente. En general, se produce lo contrario: si no sigues con ese temor, no pones en ello más energía y permaneces en contacto con lo que quieres realmente, hay muchas posibilidades de que no atraigas esta situación. Si, a pesar de todo, te dejan, será para ponerte a prueba, para que puedas descubrir que eres realmente capaz de gestionarlo.

»Después de lograr la paz cuando te abandonan una vez, la etapa siguiente es agradecer a tu ego que haya querido protegerte, diciéndole que es verdad que no quieres ser abandonada, pero que, si esto sucediera, sabrías sobrellevarlo. Te aseguro que, en el momento en que tu ego se dé cuenta de lo segura que actúas, lo aceptará y te dejará vivir y ser lo que eres sin interponerse. Vivirás ese momento como una gran liberación. Sentirás menos peso a tus espaldas. Se gastan muchas energías para mantener todas estas creencias; por eso, a medida que te liberas, lo vives como un alivio y vas sintiendo una inyección de energía.

—A medida que hablas, siento que algo está ocurriendo dentro de mí. Tengo muchas ganas de poner en práctica lo que me dices. Pero, dime, si lo consigo, ¿eso quiere decir que voy a dejar de engordar, incluso que voy a adelgazar?

—Esperaba esta pregunta. Ya estás queriendo controlar los resultados... Sabrás que realmente has aceptado esta creencia y tu miedo al abandono cuando puedas aceptar todas las eventualidades posibles. Querer controlar todo indica que no quieres abrirte a nuevas experiencias en tu vida, y sin embargo son necesarias y a menudo beneficiosas. ¿Quieres dejar de engordar porque no estás segura de que puedas retener a Mario? Si es el caso, ese miedo es lo que te incita a controlar la situación. Es triste constatar que, cuando no cambiamos de actitud, acabamos siempre por provocar aquello de lo que tenemos miedo.

»Me dirás que tu madre no atrajo una separación, un abandono, pero eso que vive es tan —si no más— penoso como si tu padre la hubiese dejado: es la experiencia de abandono en su cabeza antes que en el mundo físico. ¿Es eso más fácil o menos según tú? Está lejos de vivir la felicidad a la que aspira. Continúa sintiendo el miedo al abandono y, por tanto, su herida se está más bien agravando.

»Una cosa es verdad: que quieras tomar el control de la cura de esa herida tendrá un efecto positivo sobre lo que ella está viviendo. Además, inconscientemente, va a ayudar a tu hija a relacionarse en el futuro. También tendrá efecto sobre el miedo al abandono que Mario vive contigo. ¿Recuerdas cuando os decía que al sentir un miedo por alguien ese alguien siente el mismo miedo por nosotros? La única diferencia es que siempre hay uno de los dos que es más consciente. Con lo que te acabo de decir, ¿te sientes ahora más capacitada para hablar con Mario?

—Sí, estoy dispuesta a conseguirlo. Tengo que lograrlo esta vez, no quiero desaprovechar otra oportunidad.

—¡Ah, cuánto te exiges! Eres como la mayoría de la gente, que no se permite nunca una equivocación. ¿Encontrarías normal exigirle a un niño que aprenda a montar en bicicleta la primera vez que lo intenta, no permitirle que se caiga ni que lo vuelva a intentar? Pues es lo que estás haciendo en este instante. Date el derecho de no saber cómo hacerlo. No lo has hecho NUNCA, estás aprendiendo. Quizá sea necesario que lo intentes varias veces; no importa, lo que cuenta es la intención. El hecho de querer conseguirlo a toda costa puedo garantizarte que te traerá el éxito un día. Sé más paciente y tolerante contigo misma y confía en el universo, que está siempre ahí para echarnos una mano.

—Comprendo mejor ahora cuando dices que a la mayoría les cuesta aceptar.

—La ventaja de la aceptación es que cada vez se hace más fácil y rápida. La práctica tiene el mismo efecto, poco importa la materia sobre la que practiquemos. Como cualquier concepto nuevo, es normal que el ser humano sienta dificultad por experimentarlo. El mayor obstáculo es nuestro ego, que tiene un miedo atroz a desaparecer si no tiene más poder que nosotros. Recuerda las **dos cosas que el ego busca sin parar: alimentarse de las creencias y saber que está vivo, por el poder que ejerce sobre nosotros. Solo puede sentir ese poder con la intermediación del cuerpo físico, cuando este último vive miedos y emociones.**

»El ego es una creación de nuestra mente. No puede saber que lo que cree no responde a las necesidades de nuestro ser. Es una excrecencia del plano mental: no es natural, como una verruga en la piel. Le hemos dado nuestro poder. Nos corresponde retomarlo y decidir lo que queremos para nosotros.

»Ahora que hemos dado un repaso a los resultados de tus conversaciones con tu hija, tu madre y Mario, ¿hay algún otro asunto que quieras tratar hoy?

—Sí. Estoy preocupada porque, desde hace un año, siento dolor en los pechos, sobre todo en el izquierdo. Últimamente ha empeorado. Fui a pedir opinión al médico y este me derivó al especialista, quien me anunció que tengo algunos quistes bastante grandes y que he de operarme. No me agrada en absoluto la idea. He consultado tus libros sobre las enfermedades y he aprendido que es mi actitud de madre lo que está en el origen del problema. Estoy totalmente de acuerdo con esto. Sé que me preocupé en exceso por mi hija y que con Mario me comporto como si fuese su madre. Me preocupa David, el hijo de Mario, su mujer y su hijo pequeño. Cada vez que veo a Michelle fumando en su casa delante de su hijo, me digo que es espantoso que una madre imponga eso a su retoño. ¿Cómo es posible que no sepa que está intoxicando a su marido y a su hijo? Mario fuma, pero nunca lo hace dentro de la casa, yo me ocupo de que se vaya fuera; así, de paso, fuma menos. Me gustaría que lo dejara, porque no es bueno para su salud. Como puedes ver, siempre preocupándome por todos los que quiero. ¿Quizá mi cuerpo me está diciendo ahora que tengo que dejar de interesarme por ellos, que tengo que dejar de jugar a ser la mamá de todos?

—Una decodificación va a permitirnos conocer de dónde viene ese malestar físico. Hay tres razones para hacerla: la primera, para hacerte consciente de lo que realmente quieres ser en la vida, una manera de ser que responda a tu plan de vida; la segunda, para descubrir la creencia que estás alimentando y que está perjudicando tu salud, es decir, la que te lleva en dirección contraria a lo que quieres ser, y la tercera, para ayudarte a hacerte consciente de que no aceptas lo que eres en el presente.

Saco la hoja de decodificación [*] *para escribir las respuestas de Anna en relación con el problema de sus senos.*

—Según las respuestas que acabas de darme, lo que ocurre con tus senos te está impidiendo tener la mente en paz, dormir bien y, sobre todo, ser libre y feliz. Sabemos que lo que quieres es ser libre y feliz, porque eso responde a las necesidades profundas del ser. Ahora, sabemos que no puedes lograrlo porque **continúas creyendo que si eres madre, responder a tus necesidades significa ser egoísta e insensible**.

»Llegamos a la parte más importante de la decodificación, la ACEPTACIÓN. Tu cuerpo continuará enviándote mensajes siempre que no la sienta. Te acuerdas de que **no puedes llegar a lo que quieres en tanto no aceptes lo que no quieres**, ¿verdad?

—¿Quieres decir que tengo que aceptar que soy una madre egoísta e insensible? No puedo, no va conmigo.

—Retrocedamos. Acabas de decirme que quieres ser libre y feliz, ¿no es cierto? Además, has añadido que crees que ser así significa ser egoísta e insensible. Por lo tanto, ¿ves por qué debes aceptar lo que crees a fin de llegar a lo que quieres? ¿Sabes por qué te resulta difícil aceptar ser egoísta e insensible?

---

[*] Las etapas de la decodificación metafísica se encuentran al final del libro *Obedece a tu cuerpo: ¡ámate!*, de Lise Bourbeau (Editorial Sirio, 2011).

—Es sencillo: si lo soy, nadie me querrá, la gente que me rodea dirá que no pienso más que en mí, que no los quiero. Como dices, recogemos lo que sembramos, por lo que, si soy egoísta y no me quiero más que a mí, eso recibiré. Eso no me interesa en absoluto. ¿No hay otra manera de utilizar el mensaje que mi cuerpo me está enviando?

—¿Te das cuenta de que no es tu corazón el que habla, sino tu ego, que no quiere que seas libre y feliz? ¿Por qué? Siempre por la misma razón: cree que no podrás aceptar el hecho de pasar por ser una persona egoísta e insensible. Quiere protegerte y que continúes viviendo emociones para saber que existe a través de tus miedos y tus inquietudes. ¿Te das cuenta de que preocuparte por todas las personas que quieres, como lo estás haciendo, no es amor verdadero? Además, que no escuches tu necesidad de ser libre y feliz me indica que no te quieres realmente. Por lo tanto, ¿cómo puedes cosechar amor verdadero si no lo estás sembrando? Esperas recibirlo de los demás, pero no es eso lo que les estás dando.

—Continúo pensando que me resultaría imposible ser egoísta: estaría tan mal que no me sentiría feliz y libre. ¿Cómo salgo de esto?

—Me estoy dando cuenta de que ser egoísta es una actitud totalmente inaceptable para ti. Estoy segura de que esto ocurre porque no sabes exactamente qué es ser egoísta. ¿Te acuerdas de lo que os dije, a Mario y a ti, cuando nos vimos la primera vez, a propósito del egoísmo?

—La verdad es que no. Recuerdo, eso sí, que me sorprendió mucho la definición. Supongo que no se me quedó grabada porque no me convenía. ¿Puedes volver a dármela?

—De acuerdo, pero antes quiero que te tomes tu tiempo para comprobar en ti todo lo que recuerdes. Te acuerdas quizá de más de lo que crees, pero tu ego quiere enredarte las ideas.

—Para mí ser egoísta es no preocuparme cuando los otros no son felices o necesitan ayuda, es pensar en mí primero. Si no podemos contar con los que nos quieren cuando tenemos problemas, ¿quién va a ayudarnos?

—Tu definición se parece a la de la mayoría. Ahora, dime lo que dije diferente con respecto a tu definición.

—¡Ah, sí! Diste una definición que parecía completamente diferente de la mía, de eso me acuerdo.

—Entonces, repito, crees que **ser egoísta** es ponerse uno mismo el primero, delante de los demás, mientras que la verdadera definición es **querer que el otro se ocupe de mis necesidades antes que de las suyas.** Sabes lo que quiere decir, ¿verdad? Generalmente es la persona que trata a la otra de egoísta quien lo es. Es irónico, ¿no te parece? Voy a añadir algo que va a sorprenderte quizá. Mucha gente como tú quiere mejorar la vida de los que quieren, tienen miedo a ser egoístas si no lo hacen; pero sus seres queridos preferirían que no se mezclasen en sus asuntos. ¿Crees realmente que todos tus familiares aprecian que te molestes por ellos hasta ese punto?

—Tienes razón. No sabes la cantidad de veces que me he obligado a dejar de preocuparme y a ocuparme de mi propia felicidad. Todos me han dicho que eran capaces de arreglar sus asuntos. Finalmente, comienzo a comprender lo que quieres decir con aceptar que soy egoísta. Quieres decir que entonces estaré más en el amor verdadero. Voy a ser capaz de estar bien incluso si la vida de los que me rodean no me parece feliz. ¿Por qué no aprendemos estas cosas cuando somos jóvenes? Esto debería ser una materia que se enseñe en la escuela, ¿verdad?

—Creo más bien que esta enseñanza debe venir de los padres: la escuela nos prepara más para nuestra vida profesional, los padres para la vida personal. Pero ¿cómo podemos pedir a nuestros padres que nos enseñen estos conceptos cuando ni ellos mismos los han conocido nunca? Por el mundo se están empezando a expandir estos temas, eso resulta esperanzador. Todos estos nuevos términos equiparán mejor a los futuros adultos para enfrentarse con cualquier tipo de situación, tanto personal como profesional. ¿Te das cuenta de la diferencia que habrá cuando le enseñes a tu hija lo que es el amor verdadero y sobre todo cuando seas su ejemplo, en lugar de ofrecerle el modelo establecido de miedo a ser egoísta?

»Esto es lo que tu cuerpo te está diciendo con tu problema con los senos. ¿Está más claro ahora?

—Sí, sin duda. Sin embargo, no sé cómo podré cambiar la situación. ¿Voy a curarme solo dejándome de preocupar?

—No, tu cuerpo no te está pidiendo que cambies radicalmente de comportamiento, sino que te permitas ser de vez en cuando egoísta e insensible. Sabrás que te has aceptado cuando puedas estar bien las veces que pienses en ti y tu felicidad, aunque aquellos que quieres lo estén pasando mal; y estarás igualmente bien las veces que decidas ayudar a los que necesitan ayuda. Ofrecerás ayuda por amor, no por el miedo a ser egoísta si no les dedicas tu tiempo. Si rechazan tu ayuda, podrás seguir estando bien. Date el derecho a tomarte el tiempo necesario para lograrlo. Tu cuerpo, al escuchar un mensaje diferente, que proviene de tu nueva actitud interior, no necesitará ya atraer tu atención para que empieces a ayudarte y a prestar atención a tus necesidades.

»Te aconsejo que esperes al menos tres meses para tomar una decisión final con respecto a la operación. En ese momento sería bueno que le preguntaras a tu médico si podría hacerte otra radiografía. Nada te impide mientras seguir sus consejos si te pide que tomes algún medicamento o sigas algún tratamiento. Puedes también utilizar la medicina alternativa si lo prefieres. Hagas lo que hagas, que sea por amor hacia ti misma y no por miedo.

»Me has dicho que no querías operarte, pero he conocido muchas mujeres como tú que han hecho un buen trabajo sobre ellas mismas y han elegido operarse para salir de dudas. Esto no impide que hayan comprendido bien el mensaje de sus cuerpos y que estén mucho más seguras de que un mensaje del mismo tipo no se presentará en otra ocasión, y sobre todo que su estado no se agravará. Una decodificación de este tipo es un excelente medio para prevenir enfermedades más graves.

RECUERDA...

♡ Con la Era de Acuario, debemos aceptar el hecho de que todos los humanos somos iguales y que tenemos algo que aprender los unos de los otros, en las relaciones de padres e hijos, profesores y estudiantes, jefes y empleados, etc.

♡ Cuando uno se plantea una buena pregunta, la respuesta viene enseguida.

♡ Después de hacerse consciente de una creencia, es normal que surja algo que ponga freno a nuestra felicidad y a nuestra libertad de ser lo que queremos ser en el presente.

♡ El ego está convencido de que no puede soportar el dolor que siente cuando se activa una herida, que podría incluso morir.

♡ Para sanar esa herida, debemos tener en cuenta que otra persona puede hacer que vivamos una experiencia relacionada con esa herida o que nosotros mismos podemos hacer que otro la viva, sin juzgarnos y sin juzgar al otro. Es saber que, cuando eso suceda, el que por su comportamiento active la herida de otra persona no lo hace necesariamente para hacerle daño; solo está expresando sus límites o sus necesidades. **Esta es la razón de ser de todos: vivir con aceptación todas las experiencias que atraemos, sin juzgarlas.**

♡ Después de haber dicho sí a vivir en la aceptación, la etapa siguiente es agradecer a nuestro ego por haber querido protegernos. Le haremos saber que es cierto, que no queremos vivir esa herida, pero que, si eso ocurriera, sabríamos gestionarlo. Cuando nuestro ego nos ve seguros, nos deja que vivamos y seamos sin intervenir. Sentimos entonces menos peso a nuestras espaldas y nuestra energía crece.

♡ Es triste darse cuenta de que, cuando no cambiamos nuestra actitud, acabamos siempre por provocar aquello de lo que sentimos miedo.

♡ Una persona debe permitirse no alcanzar la aceptación verdadera y no poder expresar lo que siente a aquellos con quienes su herida ha sido activada por primera vez. Debe ser más tolerante y paciente con ella misma y confiar en el universo, que está siempre ahí para apoyarla.

♡ Hay dos cosas importantes que el ego busca siempre: alimentarse de las viejas creencias y saber que está vivo por el poder que ejerce sobre nosotros. Solo puede sentir ese poder por medio del cuerpo físico cuando este último vive miedos y emociones. Es una creación de nuestra mente, por lo tanto no puede saber que lo que cree no responde a las necesidades de nuestro ser. Es una excrecencia del plano mental, no es natural, como cualquier excrecencia en el cuerpo físico de un individuo. Le hemos cedido nuestro poder. Ahora nos toca arrebatárselo y decidir lo que queremos para nosotros.

♡ Una decodificación para conocer la causa de una enfermedad física se hace por tres razones: la primera, para hacernos conscientes de lo que queremos realmente ser en nuestra vida y crear así una manera de ser que se corresponda con nuestro plan; la segunda, para descubrir la creencia que alimentamos y que nos está perjudicando, es decir, la que nos lleva en la dirección contraria a lo que queremos ser, y la tercera, la más importante, para ayudarnos a hacernos conscientes de que no aceptamos lo que somos en el presente. Debemos recordarnos que no podemos llegar a lo que queremos en tanto en cuanto no aceptemos lo que no queremos.

♡ No podemos cosechar amor verdadero cuando no lo sembramos. No podemos esperar recibir ese amor de los otros cuando no es lo que les damos ni lo que nos damos a nosotros mismos.

♡ La mayoría de la gente cree que ser egoísta es pasar uno mismo el primero, delante de los otros, cuando la verdadera definición es querer que el otro se ocupe de nuestras necesidades antes que de las suyas. En general, la persona egoísta es la que trata a la otra de egoísta.

♡ Toda enseñanza que tiene que ver con el amor verdadero debe venir en primer lugar de los padres o de los que hacen de padres. La escuela nos prepara más para la vida profesional y nuestros padres nos preparan para la vida personal. Como la mayoría de nuestros padres no saben qué es el amor verdadero, es difícil para ellos transmitir esa noción. Por eso es urgente que todos aprendamos lo que es.

♡ La cura de un malestar físico no es automática cuando comprendemos cuál es la causa interior que lo provoca. Esta cura es posible solo cuando nos permitimos ser lo que queremos ser así como lo que no queremos ser, cuando ya no hay ni juicios ni miedos.

Capítulo 8

ACEPTAR LA VEJEZ Y LA MUERTE

—Buenos días, Anna. Buenos días, Mario. Anna, noté en tu voz por teléfono que tenías mucha prisa por venir a verme. ¿Qué ocurre? ¿Qué ha pasado durante este mes para que parezcáis tan tristes los dos?

Mario empieza a responder incluso antes de haberse quitado el abrigo:

—No vas a creerte lo que ha sucedido, ¡además todo en la misma semana! ¿Qué le hemos hecho a Dios para que nos ponga a prueba de este modo? El hijo de mi hermana Louisette se suicidó la semana pasada. Después, al día siguiente nos enteramos de que el padre de Anna se había roto una pierna y que no podrá volver a trabajar por culpa del estado de sus huesos. Parece que están muy gastados, como si hubiesen envejecido muy rápido. El médico ha dicho que, aunque tenga solo sesenta y cuatro años, es como si tuviera los huesos de una persona de más de ochenta.

—Bueno, primero sentaos, respirad y tomad un vaso de agua. Siempre es buena idea beber mucha cuando vivimos alguna emoción, nos ayuda a calmarnos.

—Voy a hablarte primero de mi sobrino y luego Anna te hablará de su padre. Una de mis hermanas, mi preferida, estaba histérica cuando me llamó llorando para decirme que había encontrado a su hijo ahorcado en su habitación. ¡Solo tenía dieciocho años! Creo que de esta no se recupera. ¿Te imaginas encontrar a tu hijo ahorcado?: la policía invadiendo tu casa, la investigación criminal posterior, los interrogatorios interminables que ella y su marido tendrán que soportar. Me cuesta creerlo todavía. Me llamó al día siguiente, después de que se llevasen a su hijo para hacerle la autopsia. Anna y yo fuimos lo antes posible a su casa, casi cuatro horas de carretera.

»Tuve la impresión de que había envejecido diez años desde la última vez que la vi, hace apenas unas semanas. No sabía qué hacer para ayudarla. ¿Por qué le ha sucedido algo así? Sé que otros padres habrán vivido esto, pero cuando toca en tu familia… ¡Qué dura es la vida a veces! Mi cuñado me preocupa todavía más. Va como un zombi. No come ni llora. Creo que necesita estallar y soltarlo. Mi hermana, al contrario, solo llora.

—Siento mucho escuchar una noticia tan triste. Es duro enterarse de la muerte de un familiar, ¡todavía más de una muerte de este tipo! Es completamente normal que la familia esté conmocionada. ¿Sus padres le habían oído hablar de suicidio antes?

—No, precisamente por eso están tan sorprendidos. Mi sobrino, Luc, siempre ha sido un chico tímido, discreto, muy poco expresivo. Iba bien en el colegio. Había dejado de estudiar hacía un año, porque no sabía qué camino tomar. Decía que un año sabático le vendría bien. Tenía talento en todo y habría podido hacer una gran carrera en varias materias, sobre todo en informática. Había encontrado empleo en un almacén, pero nunca hablaba de su trabajo. Decía que estaba bien por el momento y que con eso podría pagarse sus gastos.

»Vivía todavía en casa de sus padres. Se pasaba todo el tiempo en su habitación con su ordenador. Salía de vez en cuando, pero tenía pocos amigos. Louisette me confesó que llegó a pensar que era homosexual, visto que nunca había estado con una chica, pero no se atrevía a hablar de este asunto. Debo admitir que era complicado hablar con mi sobrino, siempre respondía en general con un sí o un no, de una manera muy evasiva. A mi cuñado le costaba aceptar a su hijo, ya que le habría gustado tener un chico al que le gustara el deporte, que fuera sociable. Le habría encantado jugar al golf con él o esquiar, pero le costaba el acercamiento. Creo que se siente culpable de su muerte y por eso está en este momento en un estado tan penoso.

—Dime, ¿por qué dices que te ha sucedido A TI algo espantoso?, ¿por qué piensas que Dios te está poniendo a prueba? Sé que el hecho de que alguien tan joven elija morir de esta forma no es fácil de aceptar, pero ¿en qué afecta eso a tu vida?

—¡Vaya pregunta! Realmente me sorprendes, Lise. Eso afecta a la vida de todos los que lo conocen. Es normal, ¿no?

—No quiero hablar de los demás. El fin de nuestra entrevista es ayudaros a vosotros dos a pasar por esta difícil situación. ¿No es esa la razón por la que queríais verme? Es eso, ¿verdad? Entonces, para conseguirlo, debo saber por qué esta situación os preocupa, en qué afecta a vuestra vida.

—Digamos que no sé qué hacer para ayudar a Louisette, que necesita que le echemos una mano. No puedo quedarme en casa sin hacer nada cuando ella sufre tanto. Lo que ocurre es que no puedo estar siempre junto a ella.

—Si lo he entendido bien, lo más difícil es ver a tu hermana sufrir y no saber lo que hacer. Te sientes impotente o egoísta si no encuentras una manera de ayudarla, ¿verdad? Supongamos que no lo logras: ¿qué temes que te ocurra?

—No tengo miedo por mí, sino por ella. Tengo miedo de que enferme, de que caiga en una depresión. Por la manera como actúa su marido, tengo miedo de la supervivencia de la pareja. No te lo he dicho: mi sobrino era hijo único. Están los dos solos con su pena. ¿Cómo van a salir de esta?

—Crees que tienes miedo por ella y por su pareja, eso te dice tu ego, pero en realidad tenemos miedo por nosotros mismos y no por los otros. Os hablé sobre esto en una visita anterior, cuando Anna me reveló el miedo que tenía por Sandra. ¿Veis cómo se resiste el ego y la dificultad que tenemos para asimilar todos estos conceptos nuevos? Aceptar que sentimos miedo solo por nosotros mismos significa que nos responsabilizamos de nosotros y no de los demás.

»Todo lo que tiene que ver con la ley de la responsabilidad parece ser lo más difícil de aceptar para el ego. Por lo tanto, no os preocupéis, estoy acostumbrada a repetirlo. En el instante creemos que la hemos entendido bien, pero la olvidamos rápidamente para volver a nuestras creencias. La consecuencia más perjudicial de creer que tenemos miedo por alguien es mantenernos en nuestras emociones —sobre todo en la culpabilidad— todo el tiempo que el otro no decida hacer algo para cambiar su vida. De ese modo nos ponemos a merced de los demás. Vuelvo a mi pregunta: ¿qué temes que te ocurra si tu hermana se pone enferma o pasa por dificultades con su pareja a consecuencia del suicidio de su hijo?

Mario mira al suelo, suspira profundamente y me dice en voz baja y lentamente:

—Si eso sucediera, me resultaría muy complicado visitar a mi hermana, sabiendo que llevo una vida agradable, una vida que nos va cada vez mejor ahora… Tendría miedo de que me tratara de insensible, de cobarde, que me reprochara que no la ayudo.

—¿Crees realmente que eres una persona insensible? Además, ¿estás seguro de que tu hermana espera que seas tú quien le arregle sus problemas? ¿Te ha pedido ayuda?

—No. No deja de quejarse, de decir que la vida es injusta, que no comprende por qué tiene que sufrir esta prueba. Se pregunta cómo es posible que no se haya dado cuenta de que su hijo era un desgraciado. Ahora que lo pienso…, la he llamado todos los días de esta semana y en ningún momento me ha pedido ayuda…

—Nada te impide compartir con ella lo que sientes, decirle que te gustaría ayudarla, pero que no sabes cómo y que te sientes impotente. Puedes aconsejarle que pida ayuda a un profesional. Conozco a varias personas que podrían ayudarlos. Recuerda, en tanto una persona no pida ayuda, no podemos ir imponiéndole la ayuda que nosotros creemos que le viene bien. Sin embargo, si nos la pide y su petición va más allá de nuestras capacidades, debemos admitirlo y acompañarla, si es posible, a encontrar a alguien que le ofrezca el apoyo que necesite. Es normal que estén los dos conmocionados. Dentro de unas semanas será más fácil hablarles.

»La mejor ayuda que le puedes ofrecer en este momento es decirle que es completamente normal y humano que crea que la vida es injusta, incluso que le eche la culpa a Dios. Tienen también que concederse el derecho a plantearse preguntas sobre la decisión de su hijo. Un día, se darán cuenta de que no son los responsables de la decisión de los demás y que actuaron lo mejor que supieron, considerando el grado de conocimiento de su hijo que tenían. También puedes confesarle a Louisette que te resulta difícil, en este momento, viendo a un familiar al que quieres mucho pasarlo mal, y que no sabes cómo gestionar eso. Puede incluso que te resulte complicado ir a verla a menudo. Date el derecho, por el momento, de respetar esos límites. Al compartirlos, verás que gestionarlos será más fácil. A menudo pasa que, cuando nos otorgamos el derecho a tener límites, estos se transforman rápido y nos damos cuenta de que no son tan importantes como antes.

»Desgraciadamente, no hay escuela que explique a los futuros padres qué hacer en todas las situaciones que podrían vivir con un hijo. En general, todos los padres de la Tierra repiten lo que han aprendido de los suyos propios, aprenden de sus experiencias y acaban siendo más sabios. Así, de generación en generación, el mundo evoluciona. Tú también debes aceptar que este suicidio te ha pillado desprevenido y te ha puesto en contacto con la impotencia que sientes en ciertas situaciones en las que te gustaría ayudar a aquellos que quieres. Todos nos sentimos impotentes en algún momento de nuestra vida. Eso es ser humano. ¿Crees que tu hermana se sentiría menos desgraciada si te pusieras más triste por no poder ayudarla?

—Pues no. Louisette me quiere tanto que estoy seguro de que no quiere que me sienta triste. Me he dado cuenta ahora de que soy yo quien está imaginando todo esto. Ya he comprendido lo que debo hacer. Gracias, Lise, me ha quedado claro.

—Y tú, Anna, ¿cómo has vivido esa noticia tan triste?

—Muy diferente a Mario. Me siento obligada a ayudar a mi cuñada, a la que quiero mucho. Enseguida le dije que me sentía un poco torpe, que no sabía muy bien qué hacer o decir que pudiera ayudar, pero que, si necesitaba algo, que me lo pidiera sin dudarlo. Me siento más cómoda ofreciéndole ayuda física antes que psicológica. Le dije que podría volver a visitarla una semana después para ayudarla con la limpieza y cocinarle algunos platos para congelar. Me lo agradeció con una sonrisa triste y vi en su mirada que apreciaba mi ofrecimiento.

»Lo que encuentro más difícil en esta situación es imaginar que esto le hubiese ocurrido a mi hija. Al pensarlo el corazón me duele y me cuesta respirar. Me apresuré a hablar con Sandra y le pregunté si había pensado alguna vez en el suicidio. Me tranquilizó diciéndome que no, que no tendría nunca el valor de hacerlo. *VALOR*... Curiosa palabra para llamar al suicidio, ¿verdad? Dice que alguien que piensa suicidarse debe tener el valor de pasar a la acción. Parece que dos de sus amigas sí le han hablado de este asunto: una pensaba cortarse las venas de la muñeca, la otra tomarse un bote de pastillas, pero ninguna de las dos tuvo el valor de hacerlo. Imagino que es así, no debe de ser fácil ponerlo en práctica. He leído en Internet que cada vez es mayor el número de jóvenes que se quitan la vida, no solamente en Quebec, sino en muchos países. ¿Sabes por qué?

—Realmente nadie puede saber por qué alguien toma esa decisión. De todos modos, eso no nos corresponde. Cada alma tiene una razón muy precisa para estar sobre la Tierra. Si decide que su plan de vida le parece muy difícil de alcanzar y prefiere reencarnarse en otro cuerpo para retomarlo, ¿quiénes somos nosotros para decirle que no tiene ese derecho? Eso es tenerle un gran respeto a la vida. He oído que muy a menudo el suicidio de una persona ha ayudado a la evolución de sus familiares.

»Una cosa es verdad: cuando alguien encuentra muy difícil de asimilar la muerte de un ser querido es porque debe aprender a desapegarse. Debemos entender, de una vez por todas, que nadie nos pertenece, ni los hijos, ni los amigos, ni los padres. Todos somos almas que hemos escogido caminar un tramo de nuestro camino juntos para aprender qué es el amor verdadero, qué es la aceptación.

»En el caso de Louisette y de su marido, los dos tienen que aprender a aceptar el hecho de que su hijo no les pertenece y que esa alma tenía sus razones personales para terminar su vida a los dieciocho años y, sobre todo, de esa manera. Quizá necesiten un tiempo para llegar a asimilarlo, porque, como ya sabéis, uno puede concederse el derecho de no poder aceptar ahora. Para ello tenemos que recordar siempre que no significa que estemos de acuerdo con la elección del otro. Louisette y su marido puede que nunca lleguen a entender lo que ha empujado a su hijo a tomar esa decisión y, sobre todo, a pasar a la acción; pero, a la vez, han de aceptar que su hijo tenía razones personales y que esas le pertenecen a él, no a sus padres.

»Soy consciente de que este tipo de aceptación no es fácil de asimilar, pero es una gran victoria para el alma cuando una persona lo consigue. Cuando llegamos a esta aceptación total, es un consuelo saber que no sufriremos nunca más en una situación parecida, si llegara a repetirse. ¿Cómo os sentís ahora los dos, tras haberos recordado lo importante que es aceptar para sufrir menos?

—Mucho mejor —dicen al mismo tiempo.

Se miran. Puedo ver el alivio en sus ojos.

Anna se gira hacia mí y me dice:

—¿Puedo hablarte ahora de papá? No puedo aceptar que esté envejeciendo así. Su artrosis está yendo a peor. Solo el hecho de conocer que sus huesos son muy frágiles, que están tan desgastados y viejos, parece haber provocado que de repente se

sienta como con ochenta años. Me resulta más difícil ver envejecer a mis padres que pensar que un día van a morir. La muerte
para mí es natural y sé que les llegará un día, pero verlos cada vez
más viejos, ver sus cuerpos arrugarse, ver cómo van perdiendo
sus capacidades físicas es difícil.

—¿Me hablas de la vejez de tu padre o de tus padres?

—Fui a verlos tres veces la semana pasada. Papá tiene una
pierna enyesada, va en una silla de ruedas; no quiere acostumbrarse a las muletas. Me ha dado tiempo para observarlos: me he
dado cuenta de cuánto han envejecido este último año. Mamá,
que a pesar de su sobrepeso siempre se movía con agilidad, se des-
plaza ahora más lentamente, incluso le cuesta levantarse de la silla.

»¿Qué va a pasar si papá sigue en silla de ruedas? Me dijo
que no me preocupara, que no eran más que dos meses con el
yeso, pero yo no puedo evitar darle vueltas. Su piel parece que se
ha ablandado tanto que le cuelga y no tiene ya el mismo brillo.
También ha perdido pelo. Además, me di cuenta de que mamá
ha encogido, mide unos centímetros menos que antes. Su médico le ha dicho que es normal para una mujer de su edad sufrir
osteoporosis. ¿Cómo puede la vejez llegar tan rápido? ¿O soy yo,
que no he querido verlo antes?

—Muy probablemente no hayas querido verlo. Es completamente normal. ¿La gente puede envejecer rápido? Pues es diferente para cada uno: hay quien pronto ya tiene aspecto de viejo y
otros que con ochenta años parece que tengan sesenta. La edad
está muy influenciada por el espíritu con el que las personas nos
enfrentemos al pasar de los años. Está comprobado que cuando una persona practica actividades físicas e intelectuales, tiene
metas, proyectos, se mantiene más joven durante más tiempo.
¿Ha ocurrido algo diferente en la vida de tu padre recientemente, antes de caerse y sufrir esa fractura?

—Pensaba celebrar su sesenta y cinco cumpleaños el mes próximo. Bromeaba a menudo diciendo que a esa edad ya formaría parte de la tercera edad; que recibiría por fin la pensión del Gobierno; que, después de tanto como había dado, ya era hora de que le devolviesen un poco. ¿Piensas que esto puede tener alguna relación con su accidente?

—Un accidente atrae nuestra atención sobre una culpabilidad que estamos alimentando. Nos ayuda a hacernos conscientes de ella y del hecho de que nos condenamos tanto que queremos castigarnos. Ya sabes lo que le ocurre a una persona que es declarada culpable tras un proceso judicial: tiene que pagar el precio, sea en dinero o pasando un cierto tiempo en la cárcel.

»Hacemos lo mismo cuando nos declaramos culpables, nos aseguramos de pagar el precio. En un accidente, hay que centrarse en la parte del cuerpo que lo ha sufrido para descubrir en qué ámbito vivimos esta culpabilidad.

»En el caso de tu padre, lo que sufrió fue su pierna, y eso le impide seguir yendo al trabajo. Como las piernas son necesarias para seguir adelante en la vida, podemos deducir que se siente culpable frente a su futuro y frente a su rendimiento en el trabajo. Es cierto que, si tuviera a tu padre delante, podría hacerle preguntas para comprobar que es verdad lo que digo. En general, el cuerpo habla tan claramente que pienso que me confirmaría mi parecer.

—Tienes razón, Lise. Ahora que lo mencionas, recuerdo haberlo escuchado a menudo decir cosas como: «Estoy seguro de que los más jóvenes en el trabajo tienen prisa por que me vaya; veo en sus ojos que me encuentran lento», «No es divertido envejecer, ¿verdad?» o «No porque se me olviden las cosas o no esté tan atento como antes veo que tenga que dejar el trabajo, puedo ser perfectamente válido durante varios años más. Después de todo, no cometo errores graves. Me gustaría verlos a mi edad. Ya se equivocan, ¡y son mucho más jóvenes que yo!».

»Es verdad que las tareas que le han encomendado ahora son menos exigentes. Se ocupaba de todas las compras y del material en un taller. Hace cinco años lo trasladaron al mostrador con otros dos empleados y debía responder al teléfono… ¡Ya está! ¡Acabo de comprenderlo todo! Seguro que desde ese momento ya empezó a envejecer. Su jefe, que lo aprecia después de sus treinta y dos años de dedicación a la empresa, no le dijo claramente que quería que se jubilase a los sesenta y cinco, pero se lo dejó entrever varias veces. Mi padre la semana pasada nos habló algo del asunto: su jefe se lo había dejado caer, pero le respondió que se sentía aún en forma para cumplir con su tarea. Parece como si no se atreviera a despedirlo, que quisiera que la decisión la tomara papá. Pues sí, el universo se ha encargado de hacerlo, ¿verdad? El accidente viene a poner todo en orden. ¿Crees que podré explicarle todo esto a papá?

—¿Te sientes cómoda pensando que se lo vas a decir? ¿Quieres? ¿Sí? Entonces esto es lo que te aconsejo; puedes explicarle lo que has aprendido sobre el significado de los malestares, de las enfermedades y de los accidentes, y preguntarle si está interesado en escuchar una interpretación de su accidente. Que se muestre receptivo puede ayudarte. Si no está interesado, lo que no hay que hacer es insistir. Lo importante es que te sientas bien suceda lo que suceda, y que puedas aceptarlo. Así, podrás ayudar a que él lo acepte. Siempre me maravilla comprobar el efecto sobre otra persona cuando nos aceptamos realmente. Este trabajo es invisible, aunque la otra persona no sea consciente de no aceptarse. Tu padre no es consciente de su dificultad de aceptar que está envejeciendo, pero que tú puedas llegar allí es una idea preciosa para él.

»Eso sí, nada te impide, si la ocasión se presenta, decirle que jubilarse no implica dejar de hacer todo lo que es estimulante en la vida, sino más bien un cambio de actividad. Puede aprovechar y hacer cosas para las que no tuvo tiempo antes: ir a clases de música, de dibujo, de bricolaje, de jardinería, de golf... La manera ideal de conseguir que hable es hacerle preguntas. Puedes preguntarle lo que le gustaría o habría gustado hacer desde hace mucho y no ha tenido tiempo de hacer por culpa del trabajo.

»Ahora, volvamos a ti. ¿Sabes por qué te resulta tan difícil ver que tus padres envejecen, qué despierta eso en ti?

—Es injusto llegar al final de nuestros días con nuestras capacidades mermadas, tanto las físicas como las mentales. Después de haber trabajado toda la vida, de habernos sacrificado tanto, en esta última etapa, cuando tenemos menos responsabilidades, no podemos disfrutar realmente. Eso es lo que encuentro difícil. Pensar que eso me va a suceder a mí me desanima.

—¿Estás segura de que es eso lo único que te preocupa?

Anna retiene la respiración, me mira intensamente y, de golpe, veo que su cuello se va enrojeciendo poco a poco. Lanza una mirada a Mario, duda y después sus ojos se llenan de lágrimas. Al final respira profundamente y responde:

—¡Uff! Me cuesta decir lo que me ha surgido cuando he escuchado tu pregunta, Lise. Es doblemente difícil porque Mario está presente. Bueno, voy a ello... Mario tiene doce años menos que papá y dentro de poco le tocará a él pensar en la jubilación. Me pregunto cómo voy a vivir eso, verlo envejecer delante de mí. No he querido hablar con él de esto antes. Algunas veces mi amiga Lucie me ha preguntado si me he parado a pensar que entre él y yo hay catorce años de diferencia. Cuando Mario tenga setenta años yo tendré cincuenta y seis. Siempre he cambiado de tema después de decirle que quería tanto a mi esposo que el hecho de que envejeciera más rápido no afectaría en absoluto a mi amor por él. Me estoy dando cuenta de que voy a tener que hacerle frente y estar bien conmigo, pues no quiero vivir con Mario lo que vivo en este momento al ver a mi padre envejecer. Además, si alguna vez Mario, como papá, se viese obligado a jubilarse a los sesenta y cinco, yo tendría solo cincuenta. ¿Qué ocurrirá si quiero seguir trabajando varios años? ¿Cómo se puede gestionar bien esta situación?

Mientras Anna comparte lo que está viviendo, Mario parece sentirse incómodo, se mueve sin parar. Finalmente, saca un cigarrillo de su paquete y me dice si puede salir a fumar fuera. Anna dice que va a aprovechar para ir al baño. Les pido que vuelvan a la consulta antes de diez minutos y aprovecho para devolver algunas llamadas.

A la vuelta, Anna tiene los ojos rojos. Mario está muy nervioso y le cuesta mirarme a los ojos.

—¿Quieres compartir cómo te sientes, Mario, después de escuchar lo que Anna nos ha confesado?

—Todavía estoy conmocionado. Ella me decía, durante los primeros años de nuestro matrimonio, cuánto le gustaba estar con un hombre maduro y que nunca habría podido vivir con uno de su edad. Debo admitir que entonces pensé en la diferencia de edad y en cómo sería cuando yo fuera mayor. Sé que después de los sesenta esa diferencia es mucho más marcada que cuando somos jóvenes, pero me he preguntado a veces si fuera a la inversa, incluso si Anna tuviera más arrugas o estuviera menos hábil que yo, qué pasaría, y siento que no me impediría quererla igual. ¡Pero no es lo que acabo de escuchar!

—¿Puedes decirme qué es eso que acabas de escuchar?

—Dijo que le parecería muy difícil verme envejecer más rápido, que no podría aceptarlo, como lo hace con su padre ahora.

—Por desgracia no tengo una grabación de lo que Anna ha dicho, pero desde luego no es eso. El hecho de que hayas interpretado a tu manera sus palabras es algo que sucede con frecuencia. Si supieras cuántas veces escuchamos con nuestro ego en lugar de con nuestro corazón... Escuchar con el ego significa que esa información es filtrada por tus propios miedos y creencias. Es como si llevaras gafas rojas y miraras la naturaleza: todo cambiaría de color y estarías convencido de que lo que ves es la realidad. Sería fácil creer que ves la realidad, pues no te darías cuenta ni siquiera del rojo en tus gafas.

»Nuestro ego hace lo mismo: contribuye a falsear la realidad, pues solo puede funcionar con las cosas que aprendió en el pasado. Un día, seremos tan conscientes que sabremos enseguida si es nuestro ego o nuestro corazón el que está al mando. Podremos rectificar rápidamente la situación cuando sea el primero el que interfiera en nuestras percepciones.

»¿Es posible que tengas el mismo miedo que Anna con sus padres, a envejecer y a dejar de ser el mismo hombre, por lo tanto al riesgo de que los demás no acepten verte así? Te hago esta pregunta porque es lo que has escuchado a Anna decir cuando nos confesó que quiere hacer frente a la situación para no revivirla contigo, para ser capaz de aceptar que vas a envejecer algunos años antes que ella.

—Realmente no tengo la impresión de tener miedo. Todo lo que sé es que me cuesta pensar que Anna pueda no querer que yo envejezca más rápido que ella. Tengo miedo sobre todo de que me quiera menos y de que decida buscar otro hombre más joven.

—Lo que entiendo es que cuando un miembro de la pareja envejece antes que el otro, es posible que este último lo deje.

Esa es la creencia que tienes. No te voy a preguntar de dónde viene, pero el hecho de que la traigas a colación indica que tú sí la crees. Es por lo tanto normal que tengas miedo de envejecer demasiado rápido. ¿Te acuerdas de aquello de «cuanto más miedo se tiene, más se manifiesta»? ¿Te acuerdas además de que para que el miedo deje de amplificarse hace falta comenzar por aceptar tenerlo?

—Debo admitir que tengo miedo. ¿Por qué es tan difícil ver todos los miedos? ¡Ah, tengo la respuesta! Porque le conviene a nuestro ego. No me esperaba descubrir tanto cuando llegué antes para contarte las dos malas noticias de la semana. Creía que más bien nos dirías cómo ayudar a mi hermana y a mi suegro. ¿Siempre es así, cada acontecimiento que nos sucede es para ayudar a que nos descubramos? No siempre es fácil, ¿verdad?, sobre todo cuando estamos solos y no hay alguien como tú para recordárnoslo. Anna y yo estamos tan afectados por el drama de nuestros familiares que no habríamos caído en hacer ese trabajo sobre nosotros mismos. Pero no podemos venir a verte cada vez que nos suceda algo, me parece.

—Tienes razón. Cada acontecimiento que nos perturba en la vida está ahí para hacer que avancemos, para ayudarnos a hacernos conscientes de algo que debemos aprender a aceptar en nuestra vida. Con todo, frecuentemente ocurren situaciones en las que es imposible hacer el trabajo de concienciación enseguida. No te preocupes, el universo se ocupa siempre de nosotros, se las arregla para atraer situaciones y personas que necesitamos para hacernos conscientes de que no estamos aceptando.

»Entonces, volvamos al miedo a envejecer. ¿Podéis decirme lo que hay que hacer para que los demás acepten los cambios que tienen lugar en nosotros conforme nos hacemos mayores?

—Sí, yo lo sé —responde Anna—. Es siempre lo mismo, ¿verdad? Cuando nos aceptamos nosotros mismos, los demás nos aceptan. Pero, por mi parte, no tengo ocasión de aceptarme, ya que no me siento todavía vieja. ¿Cómo hacerlo entonces?

—¿Estás segura de que nunca te ha pasado eso de decir que, si tuvieras veinte años, podrías hacer tal o tal cosa o desear tener todavía un bonito cuerpo firme y delgado?

—Sí, tienes razón, me ocurre, pero no mucho. Cuando miro el bonito cuerpo de mi hija y de mis amigas siento un poco de nostalgia.

—¡Ahí lo tienes! Esa es la ocasión de aceptar que al cabo de los años tu cuerpo físico, tu cuerpo emocional y tu cuerpo mental se transforman constantemente. Hay cambios que te gustarán y otros que no tanto. En general, los más agradables son los que se producen en el cuerpo mental y emocional. Las personas que aprenden con los años a ser más sabias, menos emotivas y menos estresadas contribuyen a mejorar estos dos cuerpos. Por lo tanto, no te fijes solo en el desgaste y en las transformaciones físicas; tomar conciencia de los bonitos cambios más allá de lo físico puede contribuir a alcanzar la aceptación deseada.

»Además, tienes la oportunidad de practicar con tus padres en estos momentos. Cuanto más los aceptes, INCLUSO SI NO ESTÁS DE ACUERDO CON ELLOS, más te aceptarás. Después, en los años venideros, lo que os sucederá será diferente. Podréis vivir la última parte de vuestra vida de una forma mucho más serena.

»La aceptación de llegar a un momento de vuestra vida en la que tengáis que cambiar de actividad —lo que algunos llaman una retirada— es también importante. He observado que un gran número de personas tienen problemas cuando les llega. Algunos llegan a suicidarse cuando son OBLIGADOS a jubilarse y otros se reencuentran con un problema de salud en cuanto se jubilan. Es como si no tuvieran el derecho a franquear ese pasaje con alegría. Por eso debéis enseguida aceptar que sois humanos y que vais a ir envejeciendo como todo el mundo.

—Y si aceptamos ambos envejecer, ¿lo haremos menos rápido? —me pregunta entonces Anna.

—Que queráis controlar los resultados significa que todavía no hay aceptación. ¿Te das cuenta de que, si dices que aceptas envejecer, cumplir años no debería molestarte? Sabrás que has llegado a la aceptación cuando te sientas bien con la idea de seguir siendo joven o no. Puedo asegurarte que aceptar una situación ayuda en general a vivir lo que queremos en esa situación.

»Tomemos el ejemplo del niño que aprende a montar en bicicleta. Lo que quiere es conseguirlo lo más rápido posible. Sin embargo, si cada vez que se cae se enfada y le da patadas a la bicicleta, necesitará mucho más tiempo para conseguirlo. Si se permite caerse diciéndose que no es lo que quiere, pero que eso forma parte del aprendizaje, llegará a su objetivo mucho antes. Es lo mismo para cualquier otra experiencia.

»Hay otra cosa que a la mayoría de nosotros les cuesta aceptar: la idea de morir. Voy a aprovechar el asunto del que hemos hablado hoy para decir algo al respecto. ¿Cómo os sentís pensando que un día moriréis?

—No tengo la impresión —responde Anna la primera— de tenerle miedo a la muerte. Más temo envejecer y, sobre todo, estar enferma y ser una carga para otra persona. La idea de morir cuando envejezca no me molesta, pero no me gustaría fallecer ahora que mi hija es tan joven. Tendría miedo de que ella viviera muy mal esa situación. También tengo que admitir que me daría pánico enterarme de que Mario iba a morir de aquí a algunos meses. Me alegra que nos preguntes esto, creo que es un asunto del que no se habla, ni en nuestra casa ni en ninguna casa. Parece que es tabú. Ni siquiera sé si Mario tiene miedo a morir.

Se vuelve hacia él, conmovida. Espera que él tome la palabra. Mario duda unos instantes y se retuerce las manos con nerviosismo. Finalmente dice:

—Sí, le tengo miedo a la muerte. No me he atrevido nunca a hablar sobre esto, pero pienso en ello muy a menudo desde hace algunos meses. ¿Puede que sea porque Sandra tiene ahora catorce años y yo tenía la misma edad cuando papá falleció? El suicidio de mi sobrino no me ayuda en absoluto. Yo tampoco querría morir ahora, porque soy muy joven. Encontraría injusto que me fuera cuando he decidido tomar el control de mi vida y vislumbro un futuro mucho mejor.

—Supongamos que te enteras de que te faltan tres meses de vida: ¿qué te daría más miedo?

—Dejar a Anna y a los niños. Solo la idea de no volverlos a ver me angustia. Aunque el dinero no les faltará, porque tengo muy buenos seguros que los ayudarían a vivir cómodamente, que se queden solas me da miedo. Por David me siento bien, sé que es capaz de llevar su vida sin mí.

»Además, tengo miedo de lo que ocurrirá conmigo cuando esté muerto. No estoy del todo convencido de que haya vida después de la muerte. Todo esto es nuevo para mí. Anna tiene razón al decir que no hablamos lo suficiente de este asunto. Al final, no sé qué me da más miedo. Lo cierto es que aceptaría con mucha dificultad tal noticia. Puedes estar segura de que haría todo lo que estuviera en mi mano para no morir, aunque tuviera que gastar todos mis ahorros para encontrar el médico que pudiera curarme.

—Lo que creo, Anna, es que lo que tienes es sobre todo miedo por tu hija, lo que es normal en todas las madres. Y tú, Mario, pareces tener el mismo miedo: te preocupas por las personas a las que quieres. Cuando consigáis aplicar la ley de la responsabilidad en vuestras vidas, miedos como este ya no os asaltarán. Solo necesitáis tiempo para que sea natural para vosotros no sentiros responsables por los demás.

»Tenéis razón cuando decís que es muy importante que la gente dedique más tiempo a expresar lo que piensan sobre la muerte. Sería mucho más fácil si se produjera un fallecimiento imprevisto. Lo que sí os digo es que es imposible que la vida se pare cuando el cuerpo físico muere.

»Habréis escuchado seguramente que el alma es inmortal. Eso significa que, en el momento de la muerte, nuestra alma deja este cuerpo para volver al mundo de las almas y hacer balance de lo que acaba de experimentar en esta vida. Se prepara así para vivir otras vidas, apoyándose en lo que ha vivido en la anterior, lo que aprende con sus guías en el mundo de las almas. Hablabas de injusticia hace un rato, Mario. A mí también me gustaría que la vida fuese justa. El hecho de que la vida se detenga después de la muerte del cuerpo físico es la mayor injusticia sobre la Tierra, según creo. Me gusta la idea de que solo exista la justicia divina y que nuestra alma continúe viviendo en centenares, quizá millares, de cuerpos diferentes, hasta que llegue a vivir el amor incondicional sobre la Tierra. Creo que esto tranquiliza y hace justicia. Nos motiva para que nos hagamos cargo de nuestras vidas lo antes posible y así evitar volver muchas veces.

—¿No crees que es injusto —dice Mario— que alguien muera joven, como mi sobrino, por ejemplo, o un padre o una madre de familia que tienen niños de corta edad? ¿Por qué hay gente que solo pide morir y que no muere, y otra que muere muy joven sin quererlo?

—Te comprendo. Parece realmente injusto, pero, cuando hablamos de injusticia, nos limitamos a una visión material de las cosas. Cuando optamos por una visión espiritual, tenemos un campo de visión mucho más amplio, como si mirásemos una carretera desde lo alto: se puede ver de dónde viene y a dónde va, si hay obstáculos sobre el asfalto, etc. Cuando una persona muere demasiado joven o de repente, según nuestro punto de vista, hay que recordar que no conocemos el plan de vida de esa alma. Había terminado de hacer lo que tenía que hacer en ese cuerpo y ese lugar, y ha vuelto al mundo de las almas para continuar su camino en la vida en otro contexto. Esta alma quizá ha decidido poner término a esa vida, aunque su plan no se haya completado, diciéndose que lo completará en otra vida.

»Es como si un estudiante universitario decidiera tomarse un año sabático antes de terminar sus estudios. Su decisión le pertenecería a él y a nadie más, pues es el único que asumiría las consecuencias. De ese modo, hay gente que muere, aunque su decisión la mayor parte del tiempo es inconsciente. Esta es una maravillosa ocasión para aprender a aceptar una situación, incluso si no la comprendemos y no estamos de acuerdo. Es el único medio para llegar a vivir la muerte de los que queremos y la nuestra en paz y en calma. ¿Te sientes ahora mejor, Mario, sabiendo que en realidad no mueres nunca, que la vida continúa?

—Visto así, es verdad que me parece más justo. Incluso, escuchándote, me han dado más ganas de tomar las riendas de mi vida, sabiendo que no será solo para esta, sino para las futuras.

—En efecto. Tienes razón, todo lo que haces lo haces por ti, en esta vida y por todas las vidas futuras.

—¡Ay, cómo me habría gustado saber todo eso antes! —añade Mario—. ¿Por qué no aprendemos en la escuela todos estos conceptos que nos estás enseñando?

—Anna me preguntó lo mismo en una visita anterior. Estoy de acuerdo con la idea de que sería maravilloso que los niños aprendiesen estas nociones sobre espiritualidad desde muy jóvenes. Pero, como ya le conté a ella, los profesores no están formados para impartir esta enseñanza, no forma parte de sus tareas, con excepción de los que se dedican específicamente a esta materia, claro. Hay, sin embargo, cada vez más docentes que transmiten bonitos mensajes espirituales a los niños en cuanto pueden. Es un añadido a lo que los padres hacen, porque son los padres o los abuelos los que deben enseñar esas nociones a los niños. ¿Puedes imaginarte cuando esto pase, cuántas emociones, miedos y culpabilidades se evitarán? Pero los padres solo podrán enseñar realmente estos conceptos a sus hijos cuando los apliquen en su propia vida. Si los enseñan sin ponerlos en práctica, los niños no podrán asimilarlos. El ejemplo es el mejor profesor.

Mario y Anna me miran y bajan la cabeza en señal de aprobación. Después se miran y sonríen. Mario le toma la mano a Anna y se la aprieta muy fuerte. Me dice:

—¡Qué bien se siente uno hablando así y comprendiendo por qué nos suceden tantas experiencias en nuestra vida! ¿Por qué es tan fácil contigo, Lise?

—No olvides que pongo en práctica este trabajo de introspección desde hace veinticinco años. Después de todo este tiempo que hemos estado trabajando juntos, ¿habéis comprendido el método que empleo?

—Una cosa es cierta —responde Mario—: nos hemos dado cuenta, y hemos hablado varias veces de esto, de que utilizas dos técnicas en cada uno de nuestros encuentros. La primera es que tienes el don de reconducirnos sobre el problema cuando nos desviamos, no nos dejas que nos dispersemos. La segunda son todas las preguntas que nos planteas. Gracias a esto hoy hemos venido aquí con algunos problemas de nuestra familia y hemos descubierto, poco a poco, miedos y creencias que nos pertenecen.

—¡Bravo! Sois muy observadores. Habéis entendido el aspecto más importante de mi método: no desviarse del problema inicial y hacer la mayor cantidad de preguntas posible. ¿Os habéis dado cuenta de que cada vez que habéis venido a verme, gracias a las preguntas que os he hecho, habéis acabado encontrando cuál era el verdadero problema? Al principio no hablabais del problema real, sino más bien de una situación desagradable que estabais viviendo. Hoy por ejemplo, Mario, creías que tu problema era Dios, que te ponía a prueba por medio de tu sobrino fallecido; después, te sentías impotente para ayudar a tu hermana y a tu cuñado; lo siguiente, te sentías incómodo por que tu vida fuese cada vez mejor y la suya empeorara; finalmente descubriste que tu verdadero problema es el miedo de ser un insensible por no comprender la ley de la responsabilidad. Te creías responsable de arreglarle la vida a tu hermana y a tu cuñado, de disminuir su dolor, y eso nadie puede hacerlo.

—Yo —interviene Anna— al principio creía que mi problema era el accidente de papá y verlo envejecer tan rápido. Después, descubrí que también tengo miedo a hacerme vieja y no sentirme a gusto con que Mario envejezca mucho más rápido que yo. ¡Guau! Voy a decir lo que tú: ¡qué diferencia cuando uno se hace las preguntas correctas! Así se puede ir al fondo verdadero de las cosas.

—Estoy contenta de que veáis la utilidad de todas estas preguntas. Precisamente por no haber identificado el problema real, finalmente nada se resuelve en la vida y revivimos sin parar las mismas situaciones. Solo cuando hemos encontrado la verdadera raíz del problema podremos resolverlo. Sería interesante para vosotros que os hicieseis preguntas con frecuencia, tanto en vuestra vida personal como profesional. Si supierais lo diferente que resulta una relación cuando las personas implicadas saben escucharse... No puede haber buena comunicación sin una escucha atenta.

»Cuando alguien quiere encontrar enseguida la solución al problema de otro, no lo escucha, solo está atento a su ego, que cree tener la solución perfecta para el otro. Esta mala costumbre es excelente para alimentar al ego. ¿Os habéis dado cuenta de que todas las personas que creen tener la respuesta a todo y la solución a todos los problemas tienen un ego enorme? Eso puede llegar a ser tan desagradable que nadie sienta ganas de dirigirles la palabra. Una buena comunicación es una herramienta estupenda para llegar al amor verdadero rápidamente.

»Volvamos al principio de la entrevista de hoy. ¿Podéis imaginar qué habría sucedido si, después de haberos escuchado lo que vivías con tu hermana, Mario, y tú, Anna, con tus padres, hubierais comenzado a deciros qué tendríais que hacer y qué decirles en lugar de ir en la dirección que tomé? ¿Qué habría sido diferente con respecto a ahora?

—Hmm... —responde Anna—. Sé que no me sentiría tan bien como estoy. No puedo decirte muy bien por qué, pero estoy segura de que no estaría viviendo esta paz que me llena. Me habría ido con unas indicaciones que cumplir y habría tenido miedo de no ponerlas en práctica. Mario, ¿te pasa lo mismo?

—Estoy de acuerdo contigo. Lo que me viene a la mente es que me habría ido de aquí con la misma idea, ayudar a los que quiero, y me seguiría sintiendo mal cada vez que no estuvieran felices. Al menos ahora sé que no estoy obligado a HACER nada por mi hermana, que solo debo hacerme consciente de que todo esto viene de una creencia y que, con el tiempo, conseguiré dejar de creer en ello. Me siento bien al saber que todas estas situaciones desagradables tienen una parte buena: nos ayudan a descubrir que no nos queremos lo suficiente. Todo lo que tenemos que hacer en este mundo es amarnos, así veremos a la gente y lo que nos ocurre sin gafas de color.

—Muchas gracias por vuestro testimonio. Ahora, volvamos a las preguntas. Como sabéis, elegir las preguntas adecuadas es el secreto de una buena comunicación. Nunca he conocido a nadie que haya tenido la suerte de aprender este secreto de pequeño; nos han enseñado justo lo contrario, a dejar de hacer tantas preguntas. En su lugar hemos aprendido a responder a todo lo que escuchamos, a dar nuestra opinión o un consejo sin comprobar si es lo que el otro espera de nosotros.

»Anna, tomemos el ejemplo de tu padre. Sé que puedes darle muy buenos consejos. Aprovecha para hacerlo en forma de preguntas que lo inspiren. Por ejemplo, en lugar de explicarle que no tiene obligación de decirse que se jubila, sino que se prepara más bien para cambiar de actividad, podrías decirle: «Es verdad que estás en una edad en la que muchos se jubilan. ¿Cómo te sentirías si te digo que has llegado a un punto de tu vida en el que llegó la hora de cambiar de actividades en lugar de decirte que estás obligado a jubilarte?». ¿Ves la diferencia? Después, sea cual sea su respuesta, pregúntale cualquier otra cosa. Esta es una forma muy respetuosa de comunicarte con él.

»Os aconsejo que lo pongáis en práctica. Hacedlo con Sandra al menos una vez al día. Después compartid al final del día cómo os sentís.

—Me cuesta un poco eso —dice Anna—. Cuando mamá me hace muchas preguntas, tengo la impresión de que quiere saberlo todo de mí, que está siendo indiscreta: lo que como, a dónde voy, qué ocurre en mi pareja... En resumen, asuntos que no le conciernen. Quiere saber incluso si estoy ahorrando para cuando sea mayor. ¿Estás segura de que hacer preguntas es siempre la mejor opción?

—Tienes razón. Hay que saber diferenciar entre las preguntas motivadas por un deseo de control y el miedo, y las preguntas motivadas por la responsabilidad y la aceptación. Cuando hay control, sentimos en las preguntas del otro que este tiene expectativas y que no está preparado para aceptar la respuesta, sea la que sea. Por eso este tipo de preguntas molesta e incluso enfada a los demás. Por el contrario, si estás en la aceptación con tu padre, sentirá que estás bien, sean cuales sean las respuestas que te dé, y que tu único interés es ayudarlo a que encuentre sus propias respuestas.

»La mayor dificultad cuando nos comunicamos es permanecer neutro cuando otra persona habla de sus problemas. Lo más sorprendente es que es muy raro que alguien pida ayuda de verdad cuando habla de sus problemas; a pesar de ello, lo primero que hace su interlocutor es dar consejos o su opinión.

—Sí, sé lo que quieres decir —interrumpe Mario—. Si se me ocurre decirle a Anna que estoy cansado, me replica que lo único que tengo que hacer es descansar, o que ella está mucho más cansada que yo, que su día ha sido muy largo. Si me responde así, solo me quedan ganas de irme de la habitación sin decir nada. Ahora comprendo lo que quieres decir. Me molesta un poco que haga eso, porque no le pido que comente mis palabras. ¿Qué debería decirle a Anna en este caso?

—Como acabo de decirte, es preferible siempre hacer una pregunta. ¿Alguna idea de cuál sería la apropiada?

—¿Podría preguntarle si quiere descansar o si cree que está menos cansada que yo?

Mario y yo nos reímos al mismo tiempo.

—¿Crees realmente que te sentirías mejor así, Mario?

—Pues no.

—¿Por qué?

—En realidad me está diciendo lo mismo. No comprendería por qué me hace ese tipo de preguntas. La verdad es que con eso me está diciendo lo mismo. No sé cómo explicarlo, pero sé que no me sentiría mejor.

—¿Quizá lo que te ocurre es que has sentido que ella no está mostrando un verdadero interés en encontrar respuestas para ti, sino que está más bien informándote de cómo se siente? Cuando nuestras preguntas no están basadas en la aceptación del otro, este nos lo hace saber, reacciona ante ellas. ¿Cómo te sentirías si Anna te dijera: «Dime, ¿me cuentas que estás cansado porque quieres hablarme de lo que te ha pasado hoy o me lo dices solo para que sepa que estás cansado?».

—Sí, así me sentiría mucho mejor. Es verdad que, a veces, cuando hablo, es como si pensara en alto. No es que esté buscando su opinión o su respuesta; otras, sí, me gustaría hablar de lo que me preocupa. ¡Uff! ¡Qué sencillo es aquí, en tu despacho!

—Hay que practicar mucho. Hace por lo menos quince años que enseño este tipo de comunicación y ni yo misma lo consigo siempre. A veces el ego es tan rápido que toma el mando: me doy cuenta de golpe de que he llegado a conclusiones con alguien sin haberle planteado ninguna pregunta.

»Esta dificultad la tenemos todos. No por saber algo somos capaces de ponerlo en práctica todo el tiempo. Por ejemplo,

¿creéis que un profesor de esquí nunca se cae cuando esquía? Pues sí, se cae, pero al menos sabe por qué le ha pasado y cómo volverse a levantar. Es lo que os sucederá a vosotros: os daréis cuenta de que os habéis olvidado de hacer preguntas y sabréis retroceder si es necesario. Lo más importante es que os permitáis no ser capaces de aplicar todo lo que aprendéis en cada instante de vuestra vida. Al aceptaros, veréis que esto sucederá cada vez con menos frecuencia y ya no viviréis emociones como la culpabilidad o la ira cuando se produzca. Incluso llegará un día en que os reiréis cuando os deis cuenta de que vuestro ego ha tomado el mando.

—Gracias —me dice Mario—. Eso me anima y hará que me sienta menos culpable si no consigo hacer todo lo que querría hacer.

—Yo también te lo agradezco —dice Anna—. Espero algún día llegar a ser menos exigente conmigo misma. En cuanto me doy cuenta de que algo sería mejor para mí, tengo por costumbre prometerme que es lo que haré en el futuro. Enseguida me arrepiento de no haber podido mantener mi promesa, me digo cosas muy feas y acabo por volver a mis viejas costumbres. Después de lo que acabas de decir, creo que mejor voy a anotar lo que quiero a medida que lo descubra. Pienso releer mi lista tan a menudo como pueda, para no olvidarla, para recordar que no puedo cambiarlo todo de golpe. Es una buena idea, ¿verdad?

—¡Bravo a los dos! Veo que estáis decididos a tomar el timón. Antes de acabar esta sesión, ¿alguna otra pregunta?

—No sé si puedes responderme a esto… —dice Anna—. Hace mucho que quiero preguntarte si puedes darme alguna explicación a eso de que el número catorce se repita tanto en nuestra vida. ¿Es normal? ¿Tenemos que hacer algo al respecto?

—¿Quieres comprender este fenómeno porque te preocupa o es simple curiosidad?

—Yo diría las dos cosas. Bueno..., en realidad creo que es más porque me preocupa. Se han producido en nuestra vida demasiados sucesos desgraciados relacionados con este número. ¿Puedo hacer algo para que esto pare?

—De nuevo vuelve tu deseo de controlar, querida Anna, y te comprendo. Cuando creemos que estamos a merced de algo que no podemos dominar, nos sentimos tan impotentes que queremos detenerlo. Tu reacción es completamente normal y humana.

»Voy a darte la explicación que conozco. En efecto, a veces algunas situaciones relacionadas con un número, un color o una fecha se repiten. Puede ser incluso un olor o un lugar. En general esto sucede cuando vivimos una situación muy relacionada con lo emocional y que registramos en nuestra memoria unida a algo o a alguien. Voy a darte algunos ejemplos.

»Un niño de cuatro años está en una escalera y ve a un hombre vestido de negro que anuncia a su madre que su marido —el padre del niño— ha muerto en un accidente. El niño ve la reacción de su madre: se pone a chillar, golpea al señor y grita que no es cierto, que debe de ser un error. El hombre de negro se pone firme y acaba por zarandearla para hacer que entre en razón. Finalmente, la madre se desmaya y el niño se esconde en su habitación. Conocí a ese niño cuando ya fue adulto. Tenía cuarenta y cinco años y le entraba angustia cada vez que veía a un hombre vestido de negro, incluso en una película. No sabía por qué. Tuvo que hacer una regresión para descubrir lo que le había sucedido a los cuatro años. Había asociado el traje negro con una mala noticia y con perder a un ser querido.

»Un muchacho tenía quince años cuando su padre falleció. Era el primogénito de cinco hermanos. Debió dejar sus estudios para encontrar trabajo y ayudar a su madre. Se esforzó mucho para que su familia siguiera unida, pues los habían amenazado con que los hermanos tuvieran que vivir en diferentes familias si la madre no lograba vestirlos y alimentarlos. Cuando lo conocí, tenía cuarenta y cinco años, estaba casado desde los dieciocho y había tenido mucho éxito en su vida profesional. Tenía su propio negocio y estaba realmente feliz con su vida. Cuando su hijo cumplió los quince años, este hombre cayó gravemente enfermo. Aunque los médicos lo sometieron a varias pruebas, no encontraron qué le ocurría. En ese momento llegaron a sus oídos mis métodos y se sometió a una decodificación y a numerosas preguntas durante una consulta privada. Llegamos a la conclusión de que había asociado la muerte de su padre con los quince años. Su enfermedad solo era en realidad una manifestación del gran dolor que había vivido cuando su padre falleció. Él no pudo permitirse vivirlo ni sentirlo, pues estaba ocupado siendo el hombre de la familia. Tuvo al cabo del tiempo que pasar su duelo y permitirse sufrir por la muerte de su padre, además de perdonarlo por no haber podido estudiar lo que quería ni vivir la vida como cualquier adolescente.

»Conocí varios casos de gente que enfermaba cuando alcanzaba la edad que tenía el padre o la madre cuando falleció —según fuera hombre o mujer el afectado—, sobre todo si la muerte fue repentina y no se aceptó. Es normal echar las culpas al progenitor que muere cuando no somos todavía autónomos.

»Cuanto más conscientes nos hacemos, más nos damos cuenta de la cantidad de asociaciones que hemos hecho desde muy jóvenes, incluso en otras vidas. Que estos fenómenos de asociación tengan lugar significa que el primer suceso, que nos marcó mucho, no lo aceptamos y que sentimos mucho miedo de que se manifieste de nuevo. En el caso de vosotros dos, es muy probable que os sucediera algo que os marcó mucho a los catorce y que hayáis decidido que es un número que lo que trae es desgracias y problemas. Ni siquiera necesitáis descubrir en qué momento ese acontecimiento pudo haber ocurrido, puede que haya sucedido en otra vida o cuando erais muy jóvenes los dos. Esto forma parte de lo que os atrajo el uno hacia el otro. Nos ayudamos así a descubrir lo que nos impide estar bien, y hacerle frente.

»Para responder a tu pregunta, en mi opinión no hay que HACER nada en este asunto, solo ACEPTAR que habéis tomado la decisión de que había que vigilar el número catorce. En una ocasión habéis tenido la oportunidad de hacerlo, porque se ha cumplido una vez. No es necesario que esto siga ocurriendo. Aceptad solo que esa creencia estuvo presente en vuestra vida durante un tiempo y que ahora vais a pasar a otra cosa. Si en alguna otra ocasión os acordáis del incidente importante asociado al número catorce, solo os quedará aceptar que aquel suceso ya no forma parte de vuestra vida.

»¿Os habéis dado cuenta de cuántas veces he subrayado la importancia de la aceptación, lo importante que es decir sí a una situación sin juzgarla y sin juzgarse? —Los dos asienten—. ¿Sabéis por qué?

—Porque quieres asegurarte de que hayamos entendido bien la importancia de ese concepto —me responde enseguida Mario.

—Lo que quiero sobre todo es garantizar que ya no habrá más resistencia de vuestro ego. Recordad que este solo se alimenta de la memoria, por eso no puede admitir un nuevo concepto. Aun así, repitiendo una y otra vez algo nuevo, acabamos por memorizarlo. Después lo experimentamos para integrarlo todavía mejor. Cuanto más asimile la memoria esa nueva idea, más se habitúa el ego y menos resistencia ofrece.

»Estoy convencida de que no habéis vivido problemas solo relacionados con el número catorce. Os ha pasado seguro con otras fechas, con otras edades. Es mejor para vosotros que no perdáis más tiempo en este asunto, así la creencia disminuirá poco a poco. ¿Esto responde a tu pregunta?

—Sí, muchas gracias. No me estaba dando cuenta de lo habitual que es asociar un acontecimiento con otra cosa.

RECUERDA...

♡ Siempre tenemos miedo por nosotros, no por los demás. Nuestro ego es el que intenta hacernos creer que tenemos miedo por el otro. Aceptar que tenemos miedo solo por nosotros mismos significa que nos responsabilizamos de lo nuestro, no de lo de los demás. Todo lo que tiene que ver con la ley de la responsabilidad parece ser lo más difícil de aceptar para el ego. Hay que decírselo y hacer que se lo diga varias veces a fin de integrar bien este concepto. Al principio, creemos haberlo entendido bien, pero nos olvidamos rápidamente y volvemos a nuestras antiguas creencias. La consecuencia más perjudicial de creer que tenemos miedo por alguien es resguardarnos en las emociones, sobre todo en la culpabilidad, en tanto el otro no decida hacer algo para cambiar su vida. Así, nos ponemos a merced de los demás.

♡ Si una persona no pide ayuda, de nada sirve imponerle la forma de ayudarla que creamos buena para ella. En el caso de que sí la pida, si va más allá de nuestras capacidades, debemos decírselo con claridad y acompañarla a que busque a alguien que pueda ofrecerle el apoyo que necesita. Cuando nos otorgamos el derecho a tener límites, estos se transforman rápidamente y nos damos cuenta de que no son tan importantes como antes.

♡ Cada alma tiene una razón muy precisa para estar sobre la Tierra. Si decide que su plan de vida es demasiado complicado de alcanzar en un cuerpo y que prefiere volver en otro, en otra vida, para retomarlo, ¿quiénes somos nosotros para impedírselo? A esto lo llamamos tenerle un gran respeto a la vida.

♡ En general, el suicidio de una persona ayuda a sus familiares a evolucionar. Cuando a alguien le cuesta mucho aceptar la muerte de un ser querido, es porque esa persona debe aprender a desapegarse. Debemos entender, de una vez por todas, que nadie pertenece a nadie, que todos los miembros de nuestra familia son almas que decidieron hacer un trozo de su camino juntos para aprender qué es el amor verdadero, la aceptación.

♡ Reconforta saber que, cuando lleguemos a la aceptación completa, no sufriremos nunca más una situación parecida, incluso si volviera a ocurrir.

♡ Un accidente atrae nuestra atención sobre una culpabilidad que sentimos. Nos ayuda a hacernos conscientes de esa culpabilidad y del hecho de que nos condenamos tanto que queremos castigarnos, que creemos que tenemos que pagar un precio.

♡ Casi siempre escuchamos con nuestro ego en lugar de con el corazón, lo que significa que las cosas que nos dicen son filtradas por nuestros propios miedos y creencias. Es como mirar la naturaleza con unas gafas de sol puestas: todo cambia de color y estamos convencidos de que lo que vemos es la realidad, cuando no lo es. Es tan fácil creer que vemos la realidad porque no vemos ni siquiera el rojo en las gafas. Nuestro ego hace lo mismo, pues solo puede funcionar con cosas aprendidas en el pasado, no puede vivir en el instante presente. Un día el humano será tan consciente que sabrá enseguida si es su ego o su corazón el que ha tomado el timón, y podrá rectificar rápidamente la situación cuando sea el ego el que embrolle las percepciones.

♡ Cada acontecimiento que nos perturba en nuestra vida sucede para hacer que avancemos, para ayudarnos a hacernos conscientes de algo que tenemos que aprender a aceptar. Si no podemos hacerlo ahora, el universo se las apañará para atraer de nuevo a nosotros las situaciones y las personas que necesitamos y hacernos conscientes de esa dificultad que nos toca aceptar.

♡ El alma es inmortal. Esto significa que, en el momento de la muerte, deja el cuerpo para volver al mundo de las almas y hacer balance de lo que acaba de experimentar en esta vida. Se prepara así para vivir otras, apoyándose en lo que ha vivido en las anteriores, lo cual aprende con sus guías en el mundo de las almas. Si la vida se parara después de la muerte del cuerpo físico, sería una gran injusticia. Da calma saber que hay justicia divina, que el alma continúa viviendo en centenares, quizá en millares de cuerpos diferentes, hasta que logra vivir el amor incondicional sobre la Tierra. Eso nos motiva para que tomemos el control lo antes posible y así evitar volver tantas veces.

♡ Cuando hablamos de injusticia, nos limitamos a la visión material de las cosas. Si optamos por una visión espiritual, nuestro campo de visión se agranda enormemente, como si miráramos una carretera desde lo alto: se podría ver de dónde viene y a dónde va, si hay obstáculos sobre el asfalto, etc. Es bueno recordar que no conocemos el plan de vida de un alma que muere muy joven o de manera imprevista. Terminó de hacer lo que tenía que hacer en ese cuerpo y ese lugar y vuelve al mundo de las almas para continuar su camino de vida en otro contexto. Esta alma quizá decidió poner fin a esta vida, aunque su plan de vida no se completó, y se dijo que lo terminará en otra vida cuando esté en mejores condiciones de hacerle frente. Es como si un estudiante universitario decidiera tomarse un año sabático antes de terminar sus estudios. Su decisión le pertenece a él y a nadie más, pues será el único que asuma las consecuencias. La muerte de un ser querido es una maravillosa ocasión de aprender a aceptar una situación, incluso si no la comprendemos o no estamos de acuerdo. La aceptación es el único medio para llegar a vivir la muerte de las personas que amamos, y también la nuestra, en paz y en calma.

♡ Los profesores no tienen formación para enseñar conceptos espirituales a los niños; eso no forma parte de sus tareas, a excepción de los especializados en esta materia. Pero hay cada vez más profesores que transmiten bellos mensajes espirituales a los alumnos en cuanto pueden. Es un añadido a lo que hacen los padres, pues son estos y los abuelos los que deben enseñar estas nociones a los niños. Los padres pueden enseñarles solo cuando aplican esos conceptos en su propia vida. Si los enseñan y no los ponen en práctica ellos mismos, los niños no pueden tomarlos como referencia. El ejemplo es el mejor profesor.

♡ Un medio muy rápido y eficaz de resolver una situación desagradable es seguir con el problema inicial, y no desviarse a otros, y hacer preguntas para descubrir el problema real que se esconde detrás de la situación. Poca gente habla del problema real.

♡ Hacer preguntas es una buena costumbre en una situación específica en que tengamos que resolver un problema. Hay una clara diferencia en una relación cuando las personas involucradas saben escuchar y cuando no. No puede haber buena comunicación sin escuchar bien. Cuando alguien quiere enseguida encontrar solución al problema del otro, sin que le haya pedido ayuda, no está escuchándolo; solo escucha a su ego, que cree tener una solución perfecta para el otro. Esta mala costumbre sirve de excelente alimento para el ego. Las personas que creen tener respuesta para todo y la solución a todos los problemas tienen en general un gran ego. Esto resulta tan desagradable que puede darse el caso de que nadie quiera dirigirles la palabra. Una buena comunicación es una herramienta formidable para llegar al amor verdadero rápidamente. Ayuda a tener excelentes relaciones.

♡ Hay que saber establecer la diferencia entre las preguntas motivadas por un deseo de control y el miedo y las motivadas por la responsabilidad y la aceptación. Cuando hay control, notamos en las preguntas del otro unas expectativas y que no está dispuesto a aceptar cualquier respuesta. Por eso este tipo de preguntas molesta e incluso pone de los nervios a los demás. Sin embargo, cuando el otro está en la aceptación, sentimos que está bien, sean cuales sean las respuestas que le demos; notamos que su único interés es ayudarnos a encontrar las nuestras propias. La mayor dificultad en la comunicación es permanecer neutro cuando otra persona nos habla de sus problemas. Lo más sorprendente es que es extraño que una persona pida ayuda cuando hable de sus problemas; a pesar de eso, lo primero que hace el otro es darle consejos o su opinión.

♡ Saber algo no es suficiente para ser capaz de ponerlo en práctica todo el tiempo. Lo más importante es darnos el derecho de no ser capaces de aplicar todo lo que aprendemos en cada instante de nuestra vida. Al aceptarnos, veremos que empezará a suceder cada vez menos veces y que no viviremos emociones como la culpabilidad o la ira cuando se produzca. Llegaremos incluso a reírnos cuando nos demos cuenta de que nuestro ego ha tomado el control. El ego solo se alimenta de nuestra memoria; por lo tanto no puede aceptar nuevos conceptos. Pero, a fuerza de repetirse algo nuevo a menudo, acabaremos por memorizarlo. Cuanto más asimila la memoria un concepto, más se acostumbra a él el ego y menor resistencia ofrece.

♡ Cuanto más conscientes nos volvemos, más nos damos cuenta de cuántas asociaciones hemos hecho desde que somos jóvenes e incluso en otras vidas. Si estos fenómenos de asociación se producen, significa que el primer suceso, que nos ha marcado tanto, no lo hemos aceptado. Tenemos por lo tanto mucho miedo de que se manifieste de nuevo.

Capítulo 9

ACEPTAR LAS HERIDAS

Sandra llega a mi consulta. Le hago una señal para que se siente mientras estoy atendiendo una llamada. Es una chica muy guapa, con su cara redonda. Está un poco gordita, pero es muy agradable a la vista. Veo que sabe maquillarse muy bien y que disimula eficazmente los granos que tiene en la cara. Está incómoda, no sabe bien cómo sentarse: lleva una falda corta y está todo el tiempo subiéndosela. Se levanta, tira de ella, se vuelve a sentar. No se atreve ni siquiera a mirar alrededor. Intento terminar rápido la conversación telefónica.

—Buenos días, Sandra. Encantada de conocerte. Tu madre me había dicho que dudaba que vinieras a verme como ella te aconsejó. Veo que has cambiado de idea.

—Sí, no quería venir porque no me apetece que mi madre se mezcle en mi vida. Al final he comprendido que lo que quería era ayudarme. Además, no aguanto más este problema con mi piel, quiero ponerle remedio de una vez. Lo que ocurre entre mamá y yo desde hace algunas semanas ha hecho que confíe en usted. Antes, me burlaba de ella cuando, para ayudarme, me enseñaba su libro sobre los malestares y las enfermedades. Después, poco a poco, cuando dejó de querer imponérmelo, lo he ojeado alguna que otra vez. Para mi problema con los granos, dice usted cosas interesantes; pero, aunque lo he leído entero, los granos siguen ahí. Hay algo que no he comprendido sin duda. Debo admitir que me cuesta entender que el origen de un malestar —mucho menos de una enfermedad— no sea un problema que se origina en nuestro cuerpo físico, sino en el emocional y el mental.

—¿Qué has hecho hasta ahora para controlar ese problema?

—Consulté con un dermatólogo y me dijo que era normal tener granos durante la pubertad. Me recomendó que me pusiera cremas y ungüentos sobre la piel dos veces al día. Eso no ha servido para nada. Un día que me vio el médico de familia por otro problema, me aconsejó que tomara tranquilizantes en pequeñas dosis, pues, según él, a menudo lo causa el estrés. Le hice caso durante unas semanas, pero seguía sin cambiar nada. Continúo comprando en la farmacia todo lo que veo que podría ayudarme. A veces, mejora a medias y me siento muy contenta de ver que por fin he encontrado el remedio milagroso; pero qué va, algunos días después vuelve con más fuerza.

»Incluso he intentado eliminar de mi dieta toda clase de alimentos como los tomates, los zumos, los pasteles, creyendo que podrían ser la causa del problema. Como nada me ha funcionado, me he dicho que quizá sea verdad que el verdadero problema esté más allá de lo físico.

Nos tomamos unos minutos para hacer la decodificación habitual que permite encontrar la causa de un malestar.*

—Según tus palabras, lo que te molesta de este problema es tu apariencia física: esos granos te repugnan, hacen que pases

---

* Las etapas de la decodificación metafísica se encuentran al final del libro *Obedece a tu cuerpo: iámate!,* de Lise Bourbeau.

vergüenza y tienes que estar siempre buscando cómo ocultarlos. Están impidiendo que te muestres al natural y te encuentras muy incómoda cuando alguien te mira desde muy cerca. Todavía es más difícil para ti con un chico que te gusta especialmente, pues no quieres que se acerque a ti y que vea la cantidad de maquillaje que tuviste que ponerte para ocultar tus granos. De entre todo lo que acabo de decirte, ¿qué te molesta más?

—Alejar a los chicos. Ellos no entienden por qué me escapo cuando se me acercan demasiado y terminan por dejar de interesarse por mí. Todas mis amigas tienen novio menos yo.

—También me has dicho que ese problema te impedía ser natural, ser tú misma, ser deseada por un chico, ser guapa. ¿Cuál de todos estos SER es el más importante para ti?

—Bueno..., son todos importantes, pero puestos a elegir..., me quedo con «ser deseada por un chico».

—Las respuestas que me acabas de dar me indican que en este momento sientes una gran necesidad en tu vida de ser natural, de ser tú misma, de ser guapa y, sobre todo, DE SER DESEADA POR UN CHICO. ¿Estamos las dos de acuerdo en esto?

Ella asiente y veo que se mueve en su silla. Aparecen algunas lágrimas en sus ojos. Se encoge sobre ella misma, se hace pequeñita y aprieta las dos manos sobre las rodillas. Me mira con los ojos tristes.

—Tu madre me dijo que este problema de piel empezó al mes de tu primera menstruación. ¿Qué ocurrió en ese tiempo que te daba vergüenza, que tenías que ocultar y que te impedía ser tú misma, natural y guapa?

Comienza a toser y se va corriendo a buscar agua al aseo. No ha visto que hay una jarrita y un vaso para ella en la mesita al lado del sillón. Está sin duda muy preocupada con su problema. La dejo hacer, siento que necesita quedarse sola. Vuelve al cabo de dos minutos, más tranquila, y pide perdón.

—No pasa nada. Es muy frecuente agobiarse cuando se toca algo importante en el interior de nosotros. Es algo que quiere salir a la superficie, pero que inconscientemente estamos bloqueando. ¿Puedes decirme lo que has sentido en el momento en que te has agobiado?

—No sé… Es como si tuviese demasiada saliva y no pudiese tragármela…

—Cierra los ojos y mira lo que ocurre dentro de ti después de lo que voy a preguntarte: ¿es posible que tu primera menstruación viniese a confirmar que eras mujer?

De nuevo se contrae sobre ella misma. Abre los ojos, enrojecidos por las lágrimas, y responde:

—Sí, siento que ha tocado algo importante. Mamá ha dicho siempre que le hubiese gustado un niño, pero que está feliz igualmente conmigo. También a mi padre le habría gustado más un niño, lo sé, aunque nunca me lo ha dicho. Pero, dígame, si no quisiera ser mujer tendría que vestirme como un chico, ¿no? Estoy confundida.

—¿Puede que lo que ocurra es que te vistes de la manera más provocativa que puedes para hacer que tu padre reaccione? Cuando no aceptamos una situación podemos rebelarnos de una manera extrema. Al estar reaccionando, la persona no es ella misma.

—Si estoy entendiendo bien, señora Bourbeau, ¿me está diciendo que lo hago a propósito para provocar a mi padre? Jamás he pensado eso. ¿Ocurre lo mismo con todas las chicas que se visten sexi?

—No necesariamente. Cada una tiene sus propias razones. Para algunas, puede incluso ayudarlas a ser ellas mismas. Si lo son y se aceptan, su entorno no las critica.

—Lo que no sé es por qué mi madre parece ser la más afectada por mi comportamiento. Me habla del asunto muchas más veces que mi padre. También me doy cuenta de que mi padre no me mira de la misma manera. ¡Es eso! ¡Lo encontré! Me mira como un hombre mira a una mujer. ¿Cree usted que podría ser eso lo que le molesta a mi madre, que esté celosa?

—Todo es posible. Tendrás que verificar tus hipótesis, porque nunca es bueno precipitar una conclusión. Lo más importante para ti es reconocer que el comportamiento de tu madre atrae tu atención sobre el hecho de que no te aceptas a ti misma. Dado que es tu madre y que es de tu mismo sexo, debe de sentirlo más intensamente que tu padre. Sabes como yo que los hombres son expertos en tratar de camuflar sus emociones, es lo que han aprendido, por eso es más difícil saber realmente lo que viven.

»¿Estás comenzando a ver la relación con tus granos? Habrías querido ocultar, a los demás y a ti misma, que eres una mujer, creyendo que así te querrían más. Como el cuerpo físico es el reflejo de lo que ocurre en el interior de uno, la forma de reflejar tu vergüenza y tu miedo por ser una mujer deseada es hacer que te salgan granos. Me has dicho hace un rato que los de tu espalda te molestaban mucho al ponerte un bañador. Esa es otra manera de ocultar tu feminidad. ¿Ves la dualidad que hay en ti? Haces todo para no ser deseada y a la vez por serlo, destacando las partes de ti que te gustan, como tus pechos y tu bonita cintura, por ejemplo.

Me mira y agacha la cabeza. Veo en sus ojos que está recolocando varias cosas en su interior.

—Volvamos a lo que quieres realmente. ¿Puedes repetirme lo que me dijiste antes, lo que quieres SER?

—Quiero ser yo misma..., natural..., guapa... y deseada por los chicos.

—Estás segura de lo que quieres, pero por culpa de los granos no lo consigues. ¿Tienes claro que es tu ego el que te está jugando malas pasadas? Quiere hacerte creer que es POR CULPA de tus granos por lo que no puedes satisfacer tus necesidades. En realidad, tus granos solo están ahí para atraer tu atención sobre una creencia que tu ego mantiene. Son como la alarma que se escucha cuando vamos en coche y a uno de los pasajeros se le olvida ponerse el cinturón. Ese sonido no es el problema, es solo una señal para tomar conciencia de algo. ¿Ves la gran inteligencia del cuerpo humano? Es un instrumento extraordinario que permite que nos hagamos conscientes de lo que no queremos ver en el plano emocional o mental. Te recuerdo que todo mensaje en el cuerpo es una LLAMADA DE SOCORRO DE TU SER para indicarte que hay un aspecto de ti que no aceptas. Qué suerte tener algo tan práctico con nosotros y durante toda nuestra vida, ¿verdad?

—Ahora entiendo la expresión «el cuerpo nos habla todo el tiempo». ¿Qué me va a pasar? ¿Mis granos van a desaparecer ahora que hemos establecido la relación con mi miedo a ser mujer?

—Vas muy rápido. Para saber exactamente lo que debes aceptar, hay que pasar otra etapa. Hay una parte de tu ego que cree firmemente que, si te atreves a ser tú misma, natural, guapa y sobre todo deseada por los muchachos, podría sucederte algo muy malo que no podrías gestionar. Hemos visto hasta ahora que crees que si hubieses nacido niño, habrías sido más querida. Además, hemos visto que tienes miedo de que tu madre esté celosa de ti. Pero para saber lo que se esconde verdaderamente detrás de todo eso es necesario que respondas a la pregunta siguiente: ¿qué puede suceder de malo si te permitieras ahora ser guapa, tú misma, natural y además deseada por los muchachos?

—Tengo miedo de que mi padre reaccione más enérgicamente que mamá y me impida salir y tener amigos. Tengo miedo de convertirme en lo que otras chicas del colegio, que dejan que los chicos las toquen. Por el momento, no soy como ellas, pero les digo a mis amigas que es porque me avergüenzo de mi piel, y eso me sirve de excusa. Siento deseos también, sobre todo si algún chico me gusta. No sé cómo podré seguir conteniendo las ganas de estar con un chico, como Paul por ejemplo, al que encuentro muy atractivo, con esos ojos lánguidos... Pero si no puedo poner más excusas, tendré que comportarme como mis amigas, si quiero continuar siendo aceptada por ellas. Seguro que supondría también una guerra con mamá. Como ve, tengo varios miedos.

—Y si todos se hicieran realidad, ¿qué calificativos te pondrías?, ¿de qué tendrías miedo de que te juzgaran?

—De ser una desvergonzada, una prostituta, una chica fácil.

—¿Te das cuenta de que en este preciso momento quizá ya hay varias personas que te ven de esa manera?

Al escuchar mis palabras, se pone roja hasta las orejas y se tapa la boca. No dice nada, parece haberse quedado sin aliento.

—Sabes lo que me lleva a decir eso, ¿verdad? Es la forma como vistes: la falda corta, el vientre al aire, muy escotada, mucho maquillaje; y por la manera de maquillarte los ojos, sabes bien hacer que destaquen. Sin embargo, sabemos las dos que no eres una prostituta, por supuesto.

»Quiero que te des cuenta de que, por miedo a ser tratada de prostituta y de chica fácil, no te estás permitiendo ser tú misma, ser natural, y lo has hecho todo para que los chicos no te deseen, que es justo lo que quieres. Ahora que te has dado cuenta de que es muy probable que te estén juzgando así, ¿no crees que sería mejor que seas tú misma, una chica guapa, deseable, y que vivas la experiencia de descubrir si realmente todos tus miedos tienen un fundamento y si se van a manifestar?

Me mira intensamente y poco a poco sus ojos comienzan a sonreír. Parece estar pensando algo.

—Hagamos un pequeño ejercicio. Descríbeme para comenzar lo que sería una Sandra natural, guapa, deseable. Supongamos que mañana te levantas y quieres ser tú misma, ¿cómo serías?

—Para empezar, me pondría menos maquillaje y me aplicaría la loción que sirve para secar un poco los granos, solo eso. Me maquillaría, sí, pero no tanto. Es mucho trabajo todos los días. Llevaría más veces pantalón en lugar de falditas cortas. No estaría tanto al acecho para ver si alguien se me acerca demasiado, olvidaría mis problemas de piel y le hablaría con naturalidad, sin imaginar que está pensando solo en sexo. Les diría a mis amigas que no tengo ganas de acostarme con cualquiera solo por ser popular. ¡Guau! Nunca había pensado en esto. No me creo lo que acabo de decir.

—¡Bravo! Continuemos el ejercicio. Miremos juntas cuántas probabilidades hay de que tus miedos se manifiesten si todo ocurre como acabas de describir... He anotado en este papel los que has mencionado antes. Ahora te falta anotar al lado de cada uno, en una escala del uno al diez, la posibilidad de que se presenten.

Se esmera en leer la lista bien. Está muy concentrada. A medida que la recorre, veo cómo sonríe cada vez más. Me muestra los números que ha anotado.

—¡Estupendo! ¡Has hecho un buen trabajo! Veo que has puesto dos y tres siempre, con la excepción de tu miedo a ser capaz de parar a Paul si intentara seducirte, a lo que le has puesto un cinco. ¿Cómo te sientes ahora?

—Mucho mejor. Me sorprende cómo puede una inventarse miedos que nunca se van a poner de manifiesto. Mamá me ha hablado de estas cosas varias veces, pero yo realmente nunca le he prestado atención, estaba muy ocupada manteniéndome a la defensiva. Creo que a partir de ahora, con la experiencia que vivimos en casa desde hace un tiempo y con lo que he aprendido hoy, hablaremos más a menudo de estos asuntos.

—Vamos a resumir lo que hemos hecho en esta sesión: la causa real de tu problema de piel es pensar que ser tú misma, guapa, deseable y natural, equivaldría a ser una chica fácil, una prostituta. En general, una creencia de este tipo viene de muy lejos y es sostenida por todos los miembros de la familia. Para dejar de creer en algo que te perjudica, lo primero es darte cuenta de que tu familia y tú habéis creído en ello, pensando protegeros para no convertiros en una persona censurable, en tu caso una prostituta. Te aconsejo, en cuanto tengas la oportunidad, que compruebes si tus padres piensan lo mismo. Según lo que les he escuchado estas últimas semanas, estoy casi segura de que sí. He podido constatar miles de veces que todos los miembros de una familia se atraen unos a otros por sus creencias idénticas. Lo bonito del trabajo que vas a hacer ahora es que ayudarás directamente a tus padres a seguir el mismo proceso. Además, os ayudará a curar vuestras heridas. ¿Tu madre te ha hablado en alguna ocasión de heridas?

—Sí, en alguna ocasión. Incluso me sugirió que leyera el libro que tanto le había gustado a ella y a papá. ¿Cree que me ayudará?

—Sí, seguro. Para tu problema de piel, te sugiero que leas más de una vez los capítulos sobre las heridas de rechazo y de humillación. Eso te aportará elementos adicionales a los que acabamos de tratar juntas.

»Además, antes de que te vayas, quiero que comprendas bien que no por centrarte en una creencia va a desaparecer completamente. Tus granos te indicarán el grado de aceptación que alcanzarás. Cada vez que un miedo suba a la superficie, cuando te pones una gran cantidad de base de maquillaje, por ejemplo, piensa que aceptar quiere decir darte el derecho a tener ese miedo y no rechazarlo. Cuando tu cuerpo te habla, no te dice que cambies de manera radical tu comportamiento: te ayuda a descubrir lo que quiere ser. Quiere sobre todo ayudarte a aceptarte tal como eres en ese momento, incluso si no eres totalmente lo que quieres ser. ¿Sabías que **no puedes llegar a ser lo que quieres ser en tanto en cuanto no te hayas aceptado en lo que no quieres ser**?

»Tómate un tiempo para apuntar esta frase en la hoja en la que he escrito la lista de tus miedos y los resúmenes que hemos hecho. Sabrás que has alcanzado tu meta cuando no te juzgues ya en las situaciones en las que no eres lo que quieres ser y dejes de juzgar a los que encuentres que son así. Poco a poco, te convertirás en lo que quieres ser, y aunque no lo seas aún, te encontrarás bien. ¿Tienes más preguntas?

—No de momento. Estoy todavía impresionada por lo que acabo de descubrir. Necesito reflexionar sobre todo esto. Creo que voy a anotar todos mis pensamientos durante el viaje de vuelta. Me queda una hora de autobús, tendré tiempo.

—¿Puedo atraer tu atención sobre otro asunto?

—De acuerdo.

—Bueno…, ¿puede que hayas tratado a tu madre de prostituta porque fue la amante de un hombre casado y porque se quedó embarazada antes de casarse? No necesitas responderme ahora. Normalmente, cuando alguien tiene miedo de ser de alguna manera es porque ha juzgado a alguien de este modo. Si es tu caso, tendrás que reconciliarte con ella. Ella puede ayudarte mucho para conseguirlo. Tengo que volver a ver a tus padres, no dudes en comunicarles cualquier noticia que tengas que contarme.

Querido lector, ya te habrás dado cuenta, por los ejemplos citados desde el principio del libro, de que todas las heridas están en la base de los sufrimientos de las personas.

Hemos visto que Sandra tiene problemas de piel por culpa de dos heridas, la de rechazo y la de humillación. Tiene las mismas que su madre. Además de sus características físicas, la herida de rechazo se ve en el hecho de que Anna no quería tener una niña, rechazando así la mujer que había en ella y a su propia madre. Sandra vive lo mismo, se rechaza y no quiere ser como su madre. Es muy frecuente expresar este rechazo con granos, lo que es una excelente manera de que los demás nos rechacen, reflejando así nuestro propio reflejo.

La herida de humillación de Sandra se ve en el miedo que tiene a ser una prostituta, siente vergüenza de sus deseos sexuales. Como actuamos en función de nuestros miedos, es normal que se comporte como una prostituta, incluso aunque sienta miedo de que la juzguen así. Es lo mismo para todas las heridas. Cuando más sufrimos el rechazo, más nos rechazamos. Cuanto más sufrimos de abandono, más nos abandonamos, nos dejamos caer y dejamos que nuestros proyectos se vengan abajo. Cuanta más humillación sufrimos, más actuamos para humillarnos, rebajarnos, sentir vergüenza. Cuando sufrimos de traición, uno se traiciona a sí mismo, no mantiene su palabra, no se responsabiliza de lo suyo. Cuanta más injusticia sufrimos, más injustos somos con nosotros. No respetamos nuestros límites, siempre nos exigimos más.

Nuestro ego es tan fuerte que no quiere reconocer que sufrimos por culpa de las creencias que mantenemos, para evitar que sintamos nuestras heridas. Se esfuerza por lo tanto por acusar a los otros de hacer que sintamos las heridas, que en realidad son nuestras. No vemos que lo que atraemos de los otros es solo un reflejo de lo que hacemos nosotros mismos.

¿Cómo podemos llegar a aceptar las heridas? En primer lugar, aceptando el hecho de que tú las has creado a lo largo de tus reencarnaciones. Como somos seres evolucionados —lo que significa que hemos vivido muchas otras vidas—, poco a poco hemos ido desarrollando miedos causados por el temor a revivir ciertas heridas.

El miedo es un sentimiento necesario para el ser humano —para todo el reino animal en general—. El poder de elegir del hombre apareció en el planeta al mismo tiempo que el desarrollo del cuerpo mental y el cuerpo emocional. Empezamos a creer que el miedo no era bueno porque nos hacía sufrir, y teníamos que evitarlo a toda costa; en realidad, es necesario, para advertirnos de que estamos frente a un peligro real, en el plano físico y en el emocional. El miedo nos ayuda a descubrir formas de pensar que no son beneficiosas para nosotros. Hay quien niega todos sus miedos, quien finge que nunca tiene.

Imaginemos la primera vez que un alma vive la experiencia de nacer de una madre que no desea tener un hijo. Esta alma puede elegir decirse que su madre tiene el derecho a no desear un niño por el momento, pero que las circunstancias han hecho que se quede embarazada. Además, el hecho de que la madre no haya perdido ese bebé ni haya abortado es una señal de que, inconscientemente, debía de desear ese niño. Por lo tanto, el alma acepta el deseo de la madre sin sentirse lastimada. Pero el alma tiene otra elección posible: puede pensar que su madre no la desea, que no se ocupará de ella, y eso hace que se sienta rechazada. Imagina toda clase de escenarios y comienza a sentir miedo. Como el miedo es una forma de pensamiento que tiene su propia voluntad de vivir, cuanto más activo y alimentado esté, más se manifestará. Esta alma está desarrollando la herida de rechazo. Tendrá por lo tanto que volver a este planeta tantas veces y durante tanto tiempo como sea necesario, hasta que cure esa herida. Hay muchas posibilidades de que se reencarne varias veces atrayendo a ella diversas situaciones de rechazo, antes de comenzar a revertir el proceso de creación de la herida.

Así ocurre con todas las heridas. Al leer la historia de los pueblos podemos darnos cuenta de lo presentes que están en todas las civilizaciones. Tenemos la suerte de vivir en una época en la que recibimos mucha ayuda para tomar conciencia de todo lo que implica la involución del ser humano, en lugar de la evolución. Basta con que cada uno de nosotros use las innumerables herramientas que tiene a su alcance.

La ACEPTACIÓN es la única manera de curar las heridas, no es suficiente con saber que sufres una u otra. Debes sobre todo estar atento a las situaciones en las que una herida se activa. Recuerda que esto puede ocurrir cuando creemos que hemos lastimado a alguien, cuando nos sentimos heridos por otro o cuando nos herimos a nosotros mismos. Y lo hacemos enjuiciándonos, no aceptándonos ni aceptando al otro. El juicio y la no aceptación acentúan el miedo de que se reavive la herida. Cuanto más se intensifica el miedo, más aumenta la herida. Es como si infectásemos una herida física en vez de curarla: irá cada vez a peor, nos irá doliendo más y nos impedirá cumplir nuestros objetivos en la vida. Este es el caso de las heridas del alma.

Tomemos el ejemplo de Anna. Se rechaza porque piensa que su hija preferiría vivir con su padre a vivir con ella. Rechaza a su hija no aceptando su provocativa forma de ser. Rechaza a su madre al llamarla injusta. Sandra la rechaza y no quiere ser como ella. Cada una de estas situaciones no es aceptada: o Anna se culpa por ser así o culpa a su madre o a su hija.

Anna aceptará su herida cuando se dé el derecho de decirle a Sandra que no es capaz de aceptar un cierto comportamiento o una actitud, que preferiría estar de acuerdo con todo lo que su hija quiera hacer, pero que por el momento es imposible. Aceptarnos quiere decir que nos permitimos ser lo que no queremos ser, que es posible que al otro no le guste nuestra manera de actuar y que se sienta herido a causa de nuestro comportamiento, pero que es así por el momento.

No digo que haya que empezar a rechazar, abandonar, humillar, traicionar o ser injusto con los demás de manera consciente y voluntaria diciéndote: «Si sufren por mí no es asunto mío». Propongo más bien que te permitas la posibilidad de que QUIZÁ puedas herir a otra persona al prestar atención a tus propias necesidades. Si esto se produjera, dite que no es tu intención hacer daño a nadie en un principio, pero que es posible que alguna persona lo viva así. Por otro lado, hay las mismas posibilidades de que el otro no se sienta herido. Descubrirás que, cuanto más te permitas ser lo que quieres ser, más te lo permitirán los demás. Comprenderán que tu intención era prestar atención a tus necesidades o respetar tus límites en ese momento y no hacerlos sufrir.

En todas las situaciones referidas desde el principio de este libro hemos podido ver que es muy raro que una persona actúe con la intención real de hacer sufrir a otra. Si alguna vez se produce esto —por ejemplo, si viviste alguna injusticia con alguien y si decides un día vengarte y hacerle lo mismo a él— dite a ti mismo que, en lo más profundo de ti no eres una persona mala, sino solo una que está sufriendo. Cuando alguien decide vengarse, su herida se reaviva tanto que su ego toma totalmente el control y decide hacer sufrir al otro, creyendo así que sufre menos él mismo.

Cuando estamos bien centrados, sabemos que esta solución lo que entraña es más sufrimiento; pero, por desgracia, cuando la herida es muy profunda y nuestro ego toma el timón, no conoce las consecuencias que esa acción provocará sobre nosotros.

Cuando una herida se activa y no somos ya nosotros mismos, porque en ese momento llevamos una máscara para protegernos, la actitud ideal que debemos adoptar es volver a nuestro centro lo más rápido que podamos, observando que tenemos un comportamiento influenciado por la parte de nosotros que sufre. Es como si saliésemos de nosotros mismos y observáramos nuestros gestos, nuestras palabras, nuestros pensamientos. Podemos decirnos: «Estoy realmente enfadado en este momento, estoy a punto de gritar y de acusar al otro. Así me encuentro ahora. He pasado los límites que puedo soportar y me he dejado invadir por la parte de mí que sufre. No es mi parte favorita, pero aquí se está manifestando ahora». O en una situación de mucha tristeza: «Sé que en este momento me siento muy solo, que sufro y que querría que alguien me acompañara o que me apoyara. La causa de esto es mi herida de abandono. Soy humano. Esta herida aún no ha sanado; por lo tanto solo puedo observar lo que vivo».

Esta reflexión surge rápidamente y se hace cada vez más fácil con la práctica. El solo hecho de darnos cuenta de que estamos a punto de gritar y de acusar, de llorar, de quejarnos o de enfadarnos significa que acabamos de centrarnos y que estamos en la posición de observador. En cuestión de segundos, después de esta observación, nuestro comportamiento cambia, se calma, incluso empezamos a respirar más profundo. El hecho de poder darnos el derecho a tener heridas y a que estas nos hagan sufrir nos permite dar a los demás el derecho de tenerlas también.

No se trata de hacer creer que la situación no nos molesta o de controlarse mucho para no ser juzgado. Una reacción de este tipo alimenta la herida y la agrava. La aceptación, o la observación, tal como la acabo de describir, tiene un efecto balsámico sobre la herida y contribuye a curarla poco a poco.

Un factor importante del que no hay que olvidarse es que no podemos pretender actuar, pensar y hablar de modo que le guste a todo el mundo. Todos somos diferentes, por lo que hay que darse cuenta de que es probable que permitirnos ser lo que somos a cada instante no va a agradar necesariamente a todos. Aceptar que no podemos responder a las expectativas de los demás nos ayuda a percatarnos de que los demás no pueden responder a las nuestras.

Cuando te das cuenta de que tu herida se activa cada vez menos a menudo y que el dolor vivido va siendo menos fuerte con los años, sabrás que estás en el camino de la sanación.

A menudo me hacen las preguntas siguientes: «¿Cuánto tiempo es necesario para curar las heridas completamente?», «¿Qué sucede cuando todas nuestras heridas están sanadas?», «¿Tenemos un cuerpo perfecto?». Trabajo con las heridas desde hace quince años y no he conocido a nadie que no sufra de ninguna. Te recomiendo más bien que te preguntes si sufres menos frecuentemente y si tu vida mejora cada año. Si tu respuesta a estas preguntas es sí, sabrás que vas por buen camino. Cuando aspiramos solo al resultado final estamos intentando controlar. **Es preferible estar bien a lo largo de todo el viaje que esperar a llegar para estar bien.** Además, ¿cómo sabes que ese «haber llegado» es realmente lo que necesitas? La vida está siempre llena de bonitas sorpresas y estoy convencida de que, a medida que descubrimos fuerzas, talentos y novedades, otros tesoros del mismo tipo se están gestando. La evolución no se para nunca, hay siempre lugar para mejorar en nuestra vida.

RECUERDA...

♡ Nuestro ego nos juega malas pasadas cada vez que quiere hacer que creamos que es POR CULPA de nuestro problema físico —malestar o enfermedad— por lo que no podemos ocuparnos de nuestras necesidades. En realidad, el problema está ahí solo para atraer nuestra atención sobre una creencia que nuestro ego mantiene. El problema físico es como el pitido que nos advierte de que a un pasajero de nuestro coche se le ha olvidado abrocharse el cinturón. Esa alarma no es el problema, sino la señal para tomar conciencia del problema. Es un instrumento extraordinario, un útil maravilloso que permite que nos hagamos conscientes de lo que no queremos ver en los planos emocional y mental. Cada mensaje del cuerpo físico es una LLAMADA DE SOCORRO DE NUESTRO SER para indicarnos que hay un aspecto de nosotros que no estamos aceptando.

♡ Cuando identificamos la creencia que ha provocado un bloqueo importante en nuestra vida, podemos presuponer que es mantenida por todos los miembros de la familia. Para dejar de creer en algo que no nos beneficia, lo primero es que nos demos cuenta de que todos los miembros de nuestra familia y nosotros mismos hemos creído en eso, que estábamos convencidos de que nos protegíamos para no convertirnos en personas censurables. En cuanto tengamos la ocasión, debemos comprobar si otros miembros de la familia tienen esta misma creencia.

♡ No por centrar nuestra atención en una creencia o un malestar físico van a desaparecer completamente. El malestar está ahí para indicarnos el grado de aceptación que hemos alcanzado. Cuando un miedo asociado a una creencia vuelve a la superficie, lo único que tenemos que hacer es aceptarlo, es decir, darnos el derecho a tener ese miedo y no echarnos la culpa.

Cuando nuestro cuerpo habla no nos dice que cambiemos radicalmente nuestro comportamiento, sino que quiere ayudarnos a descubrir lo que queremos ser y sobre todo ayudar a que nos aceptemos tal como somos en ese momento, aunque no sea exactamente como queremos ser. **No podemos llegar a ser lo que queremos ser en tanto no nos hayamos aceptado en lo que no queremos ser.** Sabemos que hemos alcanzado nuestra meta cuando no nos juzgamos ya en situaciones en las que no somos lo que queremos ser y cuando no juzgamos ya a los que nos encontramos que son así. Poco a poco, nos iremos convirtiendo en lo que queremos ser y, aunque no lo seamos siempre, estaremos bien.

Capítulo 10

ACEPTAR EL ESTADO DEL PLANETA

Aprovecho estos últimos capítulos del libro para terminar de explicar el concepto de aceptación. ¿Qué será de Anna, Mario y su familia? ¡Imposible saberlo! Puede que hayan aprendido bien la lección y puede que no. Lo importante es conocer que siempre hay una solución para mejorar en medio de una situación difícil. Si los personajes de esta obra volviesen a sus antiguas creencias, no durarían mucho ahí, porque ya han experimentado lo que es vivir en la aceptación. Nunca van a olvidar una actitud que ya tienen interiorizada y que tanto los ha ayudado.

Cada vez más gente me pregunta a dónde creo que nos dirigimos, tal como está nuestro planeta. Es verdad que tenemos buenas razones para preocuparnos. He visitado en mi vida más de cuarenta países de los cinco continentes y he encontrado en ellos los mismos problemas que aquí: contaminamos cada día más el planeta, ensuciando el aire que nos rodea, los océanos y los ríos; cada vez surgen más enfermedades nuevas, a pesar de los millones que se invierten en investigación médica en todo el globo; cada vez consumimos más medicamentos, que nos atiborran de productos químicos —incluso lo que respiramos y comemos está impregnado de estos también—; suben las cifras de divorcios, de abandonos, de suicidios...

»La población aumenta sin parar y ya se habla de que alcanzaremos los nueve mil millones de habitantes en 2050, lo que implica, claro, un aumento de los residuos. Según las estadísticas, producimos una media de un kilo de residuos sólidos por habitante y día, contando con los de las empresas. Cuando se piensa en todo lo que tiramos que no es biodegradable, una se sorprende de ver cómo nuestro bonito planeta puede seguir respirando con tal acumulación de basura.

»Qué triste imagen, ¿verdad? Los ecologistas instan a los gobiernos a que aprueben nuevas leyes para proteger el medioambiente, pero yo pienso que es más bien una decisión que debe ser tomada por cada uno de nosotros. Los gobiernos son solo un reflejo de la mayoría de los habitantes de un país. Podemos comparar el gobierno de un país con nuestro cuerpo: si vamos ocupándonos de cada parte, poco a poco el cuerpo entero acaba por ser diferente y se portará mejor.

Esta pésima imagen de nuestro planeta en el plano físico es solo el reflejo de lo que la mayoría de nosotros vivimos en los planos psicológico y espiritual. En lugar de alimentarnos de sentimientos de amor, aceptamos dejarnos invadir por el miedo, la inquietud, la violencia. Nos contaminamos y dejamos que los demás envenenen nuestra existencia, no solo nuestro cuerpo, sino también nuestra mente y nuestras emociones. **Somos los únicos dueños de nuestra vida y nadie puede tomar decisiones por nosotros.**

Para que haya algún cambio en este planeta, todos debemos comenzar por aceptar nuestra responsabilidad. Nos hemos dejado invadir de una manera tan sutil que nos despertamos hoy en una situación que hace urgente que asumamos el control.

He constatado que en el resto del mundo la situación es igual de difícil, pero también me he dado cuenta de que cada vez es mayor el número de personas que han decidido reaccionar y cambiar su modo de vida. Me siento feliz por poder estar en contacto permanente con gente como tú, que quieren mejorar su calidad de vida.

Para conseguirlo, debemos aceptar que todo lo que vemos fuera está ahí para llamar nuestra atención sobre lo que tenemos que ver en nuestro interior. Es la etapa más importante que hay que superar. Después, es bueno preguntarnos lo que realmente queremos en nuestra vida y pasar a la acción.

Tú puedes tomar la decisión de hacer todo lo que puedas por contaminar menos tu mundo físico, como utilizar productos de limpieza biodegradables, comer alimentos biológicos, etc. Hace falta ser pacientes, tener tiempo y determinación para cambiar las costumbres, pero, si estás decidido a mejorar tu calidad de vida y la del planeta, lo conseguirás. Las tiendas de productos biológicos están ya por todos lados; incluso en las grandes superficies empiezan a proliferar estos productos. Comprueba que sean biológicos todos los artículos de tu lista de la compra. Poco a poco se convertirá en una costumbre. Recientemente se ha demostrado, después de numerosas encuestas, que, en conjunto, no es más caro comprar productos biológicos que productos químicos. Solo hay que acostumbrarse. El hecho de comer alimentos de calidad superior requiere menos cantidad de alimentos para el organismo. Es una manera de ahorrar y de darle placer a tu cuerpo al mismo tiempo.

Hacer esfuerzos en el plano físico tendrá una influencia directa sobre lo que ocurra en el interior de ti. Como los tres cuerpos —el físico, el emocional y el mental— no pueden disociarse, cambiar algo en el plano físico provoca automáticamente otro cambio en los otros dos planos, sin que seas consciente. Contaminando menos desde el punto de vista físico verás cómo gradualmente te dejas contaminar menos por los miedos y las creencias de los demás.

Es importante estar al tanto de lo que ocurre en nuestro planeta, pero no es beneficioso hacerlo hasta el punto de desanimarse. Por desgracia hay muchas más personas que se dicen: «¿Qué aporta que yo contamine menos? Hay tantos millones de individuos que continúan contaminando que el pequeño esfuerzo que yo pueda hacer no marcará ninguna diferencia». Si piensas así, es una pena, porque no es verdad. Para empezar, tú sales ganando, porque contaminar menos te beneficia en todas las parcelas de tu vida. Es el esfuerzo de centenares de personas —posiblemente de miles— lo que acaba por marcar una gran diferencia. Se puede comparar esto con alguien que quiere adelgazar. Si esta persona se dice que perder un kilo no significa nada cuando considera que tiene cincuenta kilos de más, nunca conseguirá su objetivo. Pero si se concentra, al ritmo de sus capacidades y de sus límites, en bajar un kilo a la vez y solo se fija en sus progresos en lugar de en todo lo que le queda por conseguir, alcanzará su meta.

Recordemos que, cuando nos ocupamos de la situación en nuestro planeta, lo hacemos por nosotros, porque sabemos que volveremos en otras vidas y cosecharemos lo que sembremos ahora. Cuando haces una buena limpieza en casa, sabes que el principal beneficiario de estar en una casa limpia, que huela bien y a la que apetezca volver después de una jornada de trabajo eres tú. No es el vecino el que se beneficia. Pasa lo mismo con nuestro planeta. Lo hacemos todo en nuestro propio interés.

Si encuentras que hay mucha violencia sobre la Tierra, manifestada en las guerras que continuamos sufriendo, la violencia en las películas, los videojuegos para los niños, la violencia entre padres e hijos, mira dentro de ti: ¿eres violento contigo mismo? Cada vez que dejas de prestar atención a tus necesidades, que actúas por miedo a algo, que te rebajas o te acusas, es violencia contra ti mismo. Utilizas la violencia con los otros no solo de una manera física, sino también cuando los acusas, cuando les gritas, cuando quieres dominarlos y controlarlos. Eso es violencia psicológica. Si tomas la decisión de traer más paz a tu vida, contribuirás a la paz sobre el planeta.

Te recuerdo lo importante que es aceptar los límites. No por decidir un día vivir esencialmente en paz vendrá la paz al instante. No te olvides de que **debes concederte el derecho de ser lo que no quieres ser antes de llegar a ser lo que quieres ser.** Cada vez que te das cuenta de que eres violento contigo mismo o con alguien, te recomiendo que te tomes un tiempo para descubrir el miedo que se esconde detrás de ese comportamiento, aceptarte como humano y decirte que poco a poco conseguirás vivir más en paz.

Otro asunto que parece que afecta a los habitantes de todos los países desarrollados es la cantidad de tasas e impuestos que tienen que pagar. En mi caso, el día que mi contable me comunicó que tenía que devolver al gobierno el setenta y cinco por ciento de mis ingresos anuales, incluyendo las diferentes tasas y el impuesto con los que me gravan los gobiernos provincial y federal, me quedé conmocionada, y así seguí durante semanas. Lo encontraba injusto y me escuchaba criticando esa realidad. Me di cuenta de que lo que criticaba más era la manera como el gobierno gestionaba todo el dinero que recibe de los contribuyentes. Deploraba sobre todo que se utilizase tanto dinero para la guerra en todo el planeta. Me daba la razón diciéndome que no era la única que hacía ese tipo de críticas. Acabé por echar a mi ego a un lado y comprobar en mí lo que me molestaba tanto. La respuesta fue que no me acuso así cuando no gestiono bien mis ingresos, cuando gasto comprando cosas que no me resultan muy útiles.

Reteniendo la idea de que el gobierno es el reflejo de la mayoría de la gente de un país, nos damos cuenta de que debemos responsabilizarnos de nuestros propios gastos y encontrar la razón por la que acusamos al gobierno. Por mi parte, llamaba incompetentes e injustos a aquellos que dirigían las cuentas públicas porque conozco a personas que se las arreglan para no pagar impuestos sin que las pillen. Los acusaba también de gastar sin inteligencia. Otros los acusan de ladrones, de deshonestos, de estafadores... Nos queda por lo tanto un ejercicio, el del espejo, para verificar en qué momento los demás nos acusan de lo mismo, lo que también quiere decir que nos acusamos de eso de lo que acusamos a los demás cuando actuamos en contra de nuestras creencias.

El día que nos hagamos responsables y hayamos hecho nuestro proceso de cambio frente al dinero, es decir, que aceptemos nuestros límites y nuestros miedos en este ámbito, antes que culparnos de que actuamos en contra de lo que hemos aprendido, ese día nuestro gobierno comenzará a transformarse. Sabemos ya que nada puede transformarse en tanto no aceptemos lo que no queremos ser.

Al darnos el derecho de tomarnos el tiempo que necesitemos para aprender a gestionar nuestro dinero inteligentemente, dejaremos de sentirnos culpables cuando no lo consigamos. Recordemos que quienes nos educaron nos enseñaron que gastar inútilmente no está bien, que no es razonable, porque ellos mismos no se permitían ser a veces frívolos o demasiado impulsivos en sus compras, sino que se controlaban por miedo a sentirse culpables o, cuando se dejaban ir y despilfarraban, se culpaban y se prometían no volver a hacerlo más. Por eso insistían tanto en que nosotros consiguiéramos lo que a ellos les costaba alcanzar. No sabían que es imposible ser lo que queremos antes de aceptarnos en esas situaciones en las que actuamos al contrario de lo que queremos.

En conclusión, aceptemos el hecho de que, si la Tierra está en estos momentos en una situación crítica, es para recordarnos que la situación en la que se encuentra el ser humano también lo es. El planeta en el que estamos nos insta a que vivamos según el orden de las cosas, según el estado natural de la vida, según las leyes biológicas. Debemos aplicar estos conceptos en todos los terrenos de nuestra vida, tanto en lo personal como en lo profesional.

Siento pena al comprobar el estado de inconsciencia que hemos alcanzado, pero por otro lado me siento feliz de ver el gran despertar que se está produciendo por todo el planeta. En todos los países hay gente que toma el control de sus vidas, que quiere mejorar y que se hace cada día más consciente de su responsabilidad frente a todo lo que sucede. Cada persona que despierta influencia de media a otras diez, aunque no se dé cuenta. Es un fenómeno de naturaleza exponencial. Imagina que una persona hace un regalo a otras diez y que cada una de estas diez hace lo mismo a su vez. La segunda vez, cien personas habrán recibido el regalo, después mil, y así sucesivamente. La cosa puede ir muy rápida. Recordemos que tomar la decisión de aceptar que somos todos responsables de la situación que reina en la Tierra puede ayudar a devolverla a su estado natural mucho más rápido de lo que creemos en estos momentos.

No olvides lo esencial, querido lector: para lograr vivir así, observándote continuamente, debes primero tomar conciencia de las veces que no lo consigues. Si te criticas, te aseguras repetir sin parar el mismo comportamiento. Tomemos un ejemplo: decides contaminar menos reutilizando las bolsas de plástico que te dan en las tiendas como bolsas de basura, empleando trozos de sábanas en lugar de servilletas de papel, usando papel reciclado, etc. Así ayudas a salvar árboles y a generar menos basura. Puede que te des cuenta de repente de que has tirado una servilleta de papel al cubo de la basura, no te acordabas de tu decisión de usar trozos de sábana en lugar de papel. ¡Es la etapa de la concienciación! El secreto es felicitarte de haberte hecho consciente, aunque sea demasiado tarde para rectificar tu gesto, antes que acusarte por no haber mantenido lo que habías decidido. Verás cómo día tras día irás siendo más consciente y conseguirás actuar cada vez más a menudo según lo que deseas. La noción de aceptación es importante y nueva para la mayoría de nosotros, por eso es tan difícil de integrar, de asimilar y de poner en práctica.

Capítulo 11

ACEPTAR A LOS DEMÁS

Hemos constatado a través de varios ejemplos que a la mayoría de nosotros nos cuesta aceptar lo que los demás quieren hacer o tener. Nuestro ego está tan convencido de que tiene razón, de que posee la verdad en lo que concierne a los comportamientos ideales para ser feliz, que queremos sin cesar imponer nuestras creencias a todos los que nos rodean. Lo que resulta interesante es comprobar que siempre intentamos convencer a los demás de que sean lo que no conseguimos ser nosotros mismos. Queremos cambiarnos tanto como queremos cambiar a los demás. Por eso tendríamos que prestar más atención a nuestras discusiones y a nuestras acusaciones, a la moral o a la culpabilización que imponemos, sobre todo a nuestros familiares.

Si dices que solo quieres ayudar al otro a cambiar porque tú mismo has conseguido adoptar un nuevo comportamiento que te ayuda mucho, ¿cómo puedes saber que es eso lo que esa otra alma necesita vivir, experimentar? Decidir que otra persona necesita lo mismo que nosotros se llama orgullo: nos creemos mejores que el otro y le hacemos sentir inferior en tanto no llegue a ser como nosotros. Es también señal de que no hemos aceptado el antiguo comportamiento.

Tomemos como ejemplo a una persona que se tomaba varias bebidas de cola al día y que ha conseguido dejar de hacerlo. Se siente mucho mejor en lo físico, con más energía. Está tan orgullosa de sí misma que quiere convencer a sus familiares de que la imiten. Este comportamiento nos dice que esa persona se controla, que se sentiría culpable si se dejara ir y se tomase otra bebida de cola. Todavía no se ha aceptado. Por eso le cuesta aceptar que los demás se permitan beber eso, lo que ella misma se prohíbe hacer.

Nuestro entorno es nuestra mejor guía para aprender a conocernos. En el ejemplo precedente, si la persona en cuestión cuenta a los demás lo bien que se siente después de haber dejado de consumir bebidas de cola sin recomendarles que hagan lo mismo y sin vivir una emoción cuando ve a los demás beber una, sabrá en ese momento que realmente se ha aceptado y que su dependencia del juicio de los otros ha desaparecido. Otro modo de verificar si se ha aceptado realmente es que será capaz, si llega el caso, de beber una bebida de esas sin sentirse culpable. Su decisión de parar esa costumbre o esa dependencia habrá estado basada en algo que tiene sentido para ella, no porque alguien le haya dicho que hay ingredientes nocivos en esas bebidas y que son malas para la salud.

El medio por excelencia para llegar a aceptar más fácilmente nuestro entorno es la noción de responsabilidad. Por experiencia sé que es el concepto, entre todos los términos espirituales, más difícil de aceptar. Cuando lo enseñamos en nuestros talleres, vemos que, en general, los participantes encuentran que es un excelente modo de vivir, pero hay tanta resistencia por parte del ego que se dan cuenta rápidamente de que les cuesta mucho aplicarlo a su día a día.

Esta noción significa que no eres NUNCA responsable de las consecuencias de las decisiones, de las acciones ni de las reacciones de los demás. Cuando has integrado bien este concepto, resulta fácil aceptar que, sean cuales sean las decisiones que tomen las personas que quieres, tendrán que asumir sus consecuencias. ¿Cómo integrar esta noción tan importante? PRACTICANDO, PRACTICANDO, PRACTICANDO. No hay otra manera de que una nueva actitud entre a formar parte de ti.

Hemos podido comprobar en los ejemplos de este libro cuánto les costó a Anna y a Mario aceptar lo que decidían las personas que quieren. La única causa de esa dificultad es que creían que si les sucedía algo desagradable a los suyos, se sentirían culpables. Desde el momento en que aceptan que los demás aprenderán algo al asumir las consecuencias de lo que eligen, pueden dejar ir y permitirse ser felices, aunque los demás no lo sean de momento.

Dejar que los otros asuman su responsabilidad ayuda bastante a comunicarse mejor. Hemos visto que la verdadera comunicación implica una buena escucha. Cuando sentimos miedo de nosotros —lo que ocurre cuando no nos responsabilizamos de lo nuestro—, es imposible escuchar de verdad. Una persona que sabe escuchar deja a la otra expresarse y no trata de echarle un sermón o darle consejos que no ha pedido, le hace preguntas para que descubra sus propias respuestas. Ayuda sobre todo a que el otro encuentre lo que quiere realmente y a averiguar lo que está dispuesto a hacer para alcanzar su objetivo. La que escucha no cree que esté obligada en absoluto a hacer nada por que la otra persona alcance sus fines, ya que eso equivaldría a tener que responsabilizarse del otro, y por lo tanto a no asumir su propia responsabilidad.

Al recordar que el otro es responsable de su vida, más bien lo que hace es ayudarlo a asumir las consecuencias de sus actos. No olvidemos que, cuando nos creemos responsables de los demás, queremos, como contrapartida, que los demás se hagan responsables de nosotros. ¡Es la mejor manera de complicar una relación! Solo con la aceptación y la práctica de la noción de responsabilidad puede que nuestras relaciones mejoren definitivamente.

Aprender a comunicar nos hace tener más claros nuestros compromisos. Mucha de la no aceptación de los otros viene de que tenemos muchas expectativas sin antes haber llegado a un acuerdo. Cada vez que nos decepciona el comportamiento de otra persona, ¿nos tomamos el tiempo de comprobar si había algún acuerdo claro en ese asunto? Lo vimos en varios ejemplos: el reparto de tareas en casa de Anna y Mario, la actitud de Mario cuando su hijo eligió otro trabajo, la relación de Anna y Mario, etc. Era evidente que ninguna de estas personas se había comprometido ni había prometido al otro que se ocuparía de su miedo. En efecto, cuando tenemos expectativas con alguien es porque sentimos miedo por nosotros en esa situación, si el otro no responde a lo que esperamos de él. Como la mayoría no sabe ni siquiera que sienten miedo por ellos mismos, ¿cómo pueden exigir que otra persona se ocupe de sus miedos?

Por eso es tan importante descubrir nuestros miedos, para llegar a aceptarlos. Cuando alguien nos decepciona, podemos deducir que teníamos expectativas. Agradezcamos a ese suceso que nos haya ayudado a hacernos conscientes de un miedo cuya existencia probablemente desconocíamos. Tomemos el ejemplo de una madre decepcionada porque ni su hija ni su hijo, que viven ahora en un apartamento, la invitan a su casa. Ella lo hace a menudo y cree que ellos deberían hacerlo también. El hecho de que esté disgustada implica que cree que un buen padre y un buen hijo están obligados a invitar a aquellos que quieren a sus casas, para demostrarles así su amor o su reconocimiento. No se concede el derecho de no invitar a sus hijos, por lo que se siente decepcionada cuando sus hijos se atreven a hacer lo que se ha prohibido.

Esta situación ayuda a la madre a hacerse consciente de lo que no acepta, así como del miedo que se tiene a sí misma. Al responsabilizarse, se dará cuenta de que sus hijos nunca se han comprometido a invitarla a sus casas. Además, podrá comunicarse mejor con ellos. Podrá entonces compartir con ellos el miedo que mantiene y decirles si están de acuerdo —para complacerla— en invitarla, una vez cada tres meses, por ejemplo, hasta que pueda cambiar su modo de pensar. Ellos están en su derecho de comprometerse o no, pero al menos las cosas estarán claras entre ellos. Este es el ejemplo de alguien que se permite ser lo que no quiere a fin de llegar a lo que quiere. Ella se concede el derecho a dudar del amor de sus hijos para llegar a saber que la aman, aunque no la inviten a sus casas.

Recuerda que nadie puede forzar a nadie a comprometerse. Los compromisos son necesarios para darle una dirección a cualquier relación, profesional o personal. En muchas empresas, los jefes tienen expectativas con sus empleados y los empleados con el jefe, cuando no ha habido acuerdos realmente claros, sobre todo en lo que concierne a las tareas de cada uno y a su remuneración. A cada uno de nosotros nos corresponde pedir y no a los otros adivinar, tanto en el plano personal como en el profesional.

Tomemos el ejemplo de la pareja que se ve desde hace un año. La mujer está preparada para comprometerse en una relación, pero el hombre no quiere compromiso. Ella está pensando en amenazarlo con dejarlo porque él no quiere involucrarse, quiere forzarlo a que se comprometa. Sin embargo, nada le impide a ella comprometerse con él. Ella sabe lo que quiere él. Quieren simplemente algo diferente. Es una situación muy habitual en una pareja. Es imposible que los dos quieran lo mismo a la vez.

Es preferible saber que el otro no desea comprometerse antes que vivir una situación en la que los dos sigan solamente porque haya paz, sin tener ninguna intención de cumplir su promesa. Algunos se comprometen creyendo sinceramente que pueden mantener su promesa, pero no han pensado con serenidad en las consecuencias. Después se dan cuenta de que están demasiado comprometidos, que va más allá de sus límites. ¿Qué hacer cuando alguien se compromete contigo y no mantiene su palabra? Basta con utilizar la técnica del espejo.

Hemos tratado este asunto en varias ocasiones en este libro y en varios otros libros míos, pero quiero resumir esta técnica contigo, pues es el instrumento más potente que se puede usar para mejorar nuestras relaciones con los otros. ¿Por qué el término *espejo*? Desde el principio de los tiempos diferentes enseñanzas nos han mostrado que nuestro entorno es nuestro reflejo. Este planteamiento debe utilizarse sobre todo para hacerte consciente de lo que aceptas y lo que no. Cuando observas un comportamiento en otra persona, negativo o positivo, es que eres capaz de contemplarlo simplemente, sin criticarlo o juzgarlo y sin perturbarte. Es en el momento en que te aceptas cuando adoptas ese comportamiento.

Cuando estás molesto con el comportamiento de otra persona, el mensaje es que no es realmente ese comportamiento lo que te molesta, sino que la acusas de ser como es en ese momento. Cuando eres así, no te aceptas, lo que significa que te controlas para no ser nunca así, y además niegas el hecho de ser de ese modo a veces, y otras, si eres consciente de serlo, te culpas y no te quieres.

La gran ventaja de usar la técnica del espejo en cuanto ves que te ha molestado la actitud o el comportamiento de alguien es que pones en movimiento todo lo que hace falta para, si se da el caso, dejar de enfadarte y así mejorar claramente tus relaciones. Debes recordar que, en tanto te perturbe algo o quieras cambiar al otro, habrá siempre alguien en tu entorno que atraerá tu atención sobre lo que tienes que aceptar de ti mismo.

Volvamos al ejemplo de la pareja en la que la parte masculina no quiere comprometerse. Si su pareja lo acusa de ser cobarde e indeciso, debe preguntarse en qué momento o en qué terreno su compañero podría decirle lo mismo. En general, la gente dice que no es como la persona a la que están juzgando. Por eso este método se llama *espejo*, para recordarnos que lo que vemos en el otro es exactamente lo que vemos cuando nos miramos dentro. Esto nos pertenece a nosotros, no al espejo. Aunque cambiemos de espejo —cambiemos de pareja—, volveremos a ver lo mismo en la siguiente relación.

La solución ideal es comprobar con la persona que juzgamos en qué circunstancia opina lo mismo de nosotros. Tal vez no pueda responder enseguida, pero pasados unos días habrá encontrado al menos una situación. En el ejemplo anterior, podría ser que el hombre le dijese a su pareja que la ve sin energía cuando se trata de hacer ejercicio físico o de ordenar ropa; que la encuentra indecisa cuando hay que tomar una decisión, que duda continuamente. Puedes ver, por este ejemplo, lo importante que es comprobar de qué acusas o juzgas al otro en el nivel del SER, a fin de obtener todos los beneficios de esta técnica.

¿Por qué le resulta tan difícil a nuestro ego admitir que los demás son nuestro espejo? Porque tenemos miedo de no ser queridos si nos atrevemos a ser así. Recordemos que cuanto menos nos aceptemos y hagamos esfuerzos por no ser como cierta persona, más nos pareceremos a ella. Cuanto más inaceptable valoremos una actitud, más querremos negar que somos así (como en el caso de la mujer: ella podría responder que no es indecisa, sino que está reflexionando).

La etapa siguiente para la pareja es preguntarse cuál es la intención o la motivación del otro cuando encuentra cobarde, débil, perezoso o indeciso el comportamiento de su compañero. Verá rápidamente que es perezoso porque hacer ejercicio físico está mucho más allá de sus límites y se cuestiona tanto porque tiene miedo a cometer un error. En cuanto encuentre lo que se oculta detrás de su propio comportamiento, comprenderá lo que vive su pareja: que comprometerse está más allá de sus límites y que él también tiene miedo a equivocarse.

Usar esta técnica cada vez que tienes un problema con alguien es mágico; no solo con personas que no respetan sus compromisos, sino también en todo tipo de relaciones. Te ayuda a hacerte consciente de lo que tienes que aceptar de ti. Te sugiere que tienes que darte el derecho a ser diferente de lo que tu ego cree que está bien. El día que esa mujer se conceda el derecho a ser perezosa e indecisa, ya no le molestará el comportamiento de los demás. Además, si se permite ser lo que no quiere, podrá dirigirse poco a poco hacia lo que quiere. Sobre la marcha se irá dando cuenta de que tiene más facilidad de la que pensaba para tomar decisiones y para ordenar.

Lo que quiere se convertirá en primordial en su vida y las pocas veces en que suceda lo contrario de lo que quiere no le molestará, pues sabrá que es lo que necesita en ese momento.

Un comportamiento es vivido en armonía cuando nos permitimos vivir tanto su aspecto positivo como su aspecto negativo.

Utilizo la técnica del espejo desde hace casi treinta años y no he encontrado, hasta hoy, ningún método más eficaz y rápido para aceptarse y, por esto mismo, para aceptar a los demás. Es el medio por excelencia de mejorar todas las relaciones.

Recuerda que esta técnica solo debe usarse para ayudarte a que te aceptes en los aspectos que no te gustan de ti y no para forzarte a convertirte rápidamente en lo que quieres ser. Forzarse significa controlarse para ser perfecto según las normas de nuestro ego, y esto únicamente nos lleva a perder el control en este comportamiento o en otro. Por ejemplo, la persona que se controla para no subir nunca el tono de voz, por miedo a resultar violenta, acaba por ser violenta de otra manera, sea en sus gestos, sus intenciones, etc. Cuanto más se controla, más se eleva el riesgo de desarrollar una enfermedad grave o de perder definitivamente el control, y realiza acciones que lamentará. En tu entorno, todos a los que atraes son un espejo para ti. Necesitas a cada una de esas personas. Gracias a ellas tomas rápidamente conciencia de los aspectos de ti que no aceptas. Cuanto más te molesta alguien, más importante es el papel que juega en tu vida, a fin de atraer tu atención sobre lo que tienes que aceptar de ti mismo.

Esta teoría del espejo se aplica también a todo lo que admiras en el otro; es decir, que cada rasgo de carácter que envidias en otra persona, cada faceta que no crees poseer, son en realidad aspectos que forman parte de ti, pero que no quieres reconocer. La única razón por la cual te niegas que puedas ser como esos a los que admiras es el miedo a no ser querido si te atreves a ser así. Solo es cuestión de que acojas el miedo que te impide reconocer tus bonitas cualidades para ayudarte a ponerlas de manifiesto. Verás rápido que lo que crees no siempre es cierto.

Por ejemplo, que admires la paciencia de tu cuñada indica que no te atreves a admitir que eres una persona paciente. Cuando descubras qué temes que te pueda ocurrir si te atreves a ser paciente, sabrás por qué no te das permiso para serlo. ¿Quizá tienes miedo a que se aprovechen de ti si eres demasiado paciente? Te aconsejo que les preguntes a tus familiares si consideran que eres paciente. Te encontrarás con la agradable sorpresa de descubrir que los demás ven esta cualidad en ti y que eres el único que no quiere reconocerlo. Poco a poco, serás capaz de estar bien, seas paciente o impaciente. ¡Esa es la aceptación total!

¡Qué suerte tenemos de vivir en sociedad! Estamos rodeados de espejos.

Capítulo 12

EL AMOR VERDADERO

Hemos tratado en varias ocasiones a lo largo de este libro sobre el gran poder de la aceptación. Establezcamos ahora la diferencia entre *aceptar*, *resignarse* y *someterse*. Para ello hay que prestar atención a los sentidos. Tomemos como ejemplo a Nicole, una participante en el taller Escucha a tu Cuerpo, que me contó que se había enterado de que su cirujano había cometido un error de diagnóstico y le había extirpado el útero sin que fuera necesario. Creyendo asumir su responsabilidad, Nicole pensó que tenía que aceptar esa situación y que había debido de atraer aquel incidente. Cuando le pregunté cómo se encontraba después de esta aceptación, me respondió que no se sentía bien, que habría preferido que aquello no hubiese ocurrido. Vemos con este ejemplo que, en realidad, más que aceptarlo, lo que hizo fue resignarse.

Es cierto que ella debía asumir su responsabilidad, o sea, que había atraído una situación de este tipo para aprender algo. Cuando le pregunté qué le molestaba más de aquel suceso, me respondió que era el hecho de no poder tener más niños (tenía solo uno y le habría gustado traer al mundo al menos otro). Una parte de ella quería otro niño mientras que otra sentía miedo, hasta el punto de atraer un acontecimiento que le impuso que no iba a poder tener más. Después de varias preguntas, me di cuenta de que en realidad su marido no quería tener más descendencia, que pensaba que ya uno le daba mucho trabajo y que implicaba muchas responsabilidades para él. Antes de que le encontraran un tumor benigno en el útero, Nicole había renunciado voluntariamente a tomar la píldora anticonceptiva varias veces, porque deseaba quedarse embarazada; pero, al mismo tiempo, se sentía terriblemente culpable. Aquel dilema representaba para ella una verdadera tortura: por un lado, el deseo de traer al mundo a otro niño; por el otro, el miedo a perder a su pareja si se atrevía a tenerlo.

Una vez consciente de que su miedo era lo que atrajo el error del médico, me preguntó cómo debía actuar: aceptar que era responsable de todo o aceptar solo su parte de responsabilidad en aquel incidente. Le dije que tenía razón, que los dos estaban implicados en aquella situación, que el médico tenía algo que aprender de aquel suceso, pero que no era responsabilidad de ella asumir su toma de conciencia; por tanto, nada impedía que presentara una denuncia ante el colegio de médicos para que la indemnizaran. Podía utilizar esta acción para verificar su grado de aceptación. Una vez que hubiera finalizado la gestión del asunto del médico y que fuera capaz de desapegarse del resultado de los procedimientos iniciados, sabría que había aceptado bien la situación.

Nicole me volvió a llamar un año después para comunicarme una buena noticia: acababa de recibir una suma de dinero importante por parte de la aseguradora del médico. Este le había enviado una nota de disculpa en la que decía que sentía mucho haber cometido aquel error. Ella no volvió sobre el asunto, se había desentendido después de presentar los documentos en el colegio de médicos. En resumen, soltar significa ponerlo todo en manos del universo, sabiendo que hicimos todo lo que pudimos.

El objetivo de este ejemplo es mostrar que aceptar una situación no significa que debamos permanecer pasivos. Como Nicole aceptó bien la situación y sus consecuencias, todo ocurrió dentro de la calma, sin estrés ni miedo. **Nunca hay buenas o malas experiencias, solo hay buenas o malas maneras de gestionarlas.**

En el capítulo anterior hablamos de la importancia de la noción de responsabilidad, que es indispensable para lograr aceptar a las personas como son, permitiéndoles asumir las consecuencias de sus elecciones. Este concepto es también importante para llegar a aceptarte, a amarte tal como eres. Al recordarte que no eres nunca responsable de la felicidad de los otros, te das mucho amor. Cuanto más amor te das, más recibes de los demás. Cuando te olvidas de la noción de responsabilidad, cuando te preocupas por alguien o te sientes obligado a salvarlo, invades tu espacio vital y el del otro.

Puedes saber si eliges ayudar a una persona por amor en vez de por miedo comprobando cómo te sientes. Si eres capaz de ayudar, de aconsejar, de echar una mano a alguien y estar bien, aunque nada cambie para esa persona —porque no quiere o porque no puede verdaderamente cambiar su situación—, eso indica que lo estás haciendo por amor, sin esperar nada a cambio. Lo haces por lo que tienes que aprender de esa experiencia o porque tu corazón te lo dice.

Por desgracia, esta situación es más bien poco frecuente. Vemos muy a menudo a personas que se creen obligadas a ayudar a los que pasan por alguna dificultad, sobre todo a sus más allegados. Ocurre incluso que estos no están pasando ningún apuro, sino que son los demás los que lo perciben así. Estas personas no se permiten vivir con alegría cuando los que las rodean no están bien. Piensan que actúan con egoísmo si se encuentran bien y los otros no. Repito aquí la definición de la palabra *egoísmo* que di en el capítulo segundo:

Ser egoísta es querer que el otro atienda nuestras necesidades antes que las suyas, es apoderarse de algo del otro, es creer que el otro es responsable de nuestra felicidad, lo cual crea muchas expectativas. Es todo lo contrario a olvidarse de uno mismo para ocuparse de las necesidades de los demás.

La dificultad de ocuparse de sus propias necesidades es en general la primera causa de que las personas no disfruten de su tiempo, y cada vez para un mayor número de individuos. ¿Eres de los que se quejan de no tener nunca tiempo para pensar en sí mismos? Si la respuesta es sí, te sugiero que estés más alerta a lo que haces cada día. Una buena idea es anotar todo lo no productivo que hagas y después todo lo productivo.

Te sorprenderá descubrir cuántas horas pasas ocupado en algo que te resulta gratificante, cuando a menudo pensamos que nos llevamos todo el día haciendo cosas por obligación. El miedo que tenemos a ser egoístas, a estar centrados en nosotros, nos impide ver que la realidad es mucho más agradable de lo que creemos.

Además, puedes preguntarte lo que te han aportado todas las actividades productivas de la jornada. Sean hechas para ti o para los demás, te darás cuenta de hasta qué punto las haces por ti mismo.

Unos se quejan de que no tienen bastante tiempo para ellos; otros dicen cuánto les gustaría «no hacer nada un día». Si te reconoces en esta última categoría, ¿qué quieres decir con la expresión «no hacer nada»? ¿Sentarte a contemplar? Me he dado cuenta al cabo de los años de que «no hacer nada» resulta muy difícil, casi imposible, para las personas muy activas por naturaleza. Yo, que formo parte de esas personas, considero que «no hacer nada» significa «no hacer nada productivo». Cuando camino por el placer de estar en plena naturaleza, no hago nada; sin embargo, cuando lo hago a buen ritmo para mantenerme en forma, hago algo productivo.

Anotarlo todo por lo menos durante tres semanas te ayudará mucho a mejorar tu relación con el tiempo. Si te percatas de que haces muchas actividades por obligación que no te gustan, será la señal de que actúas más por miedo que por amor a ti. Debes revisar tus compromisos y tener más en cuenta tus necesidades.

Aceptarte y amarte es darte el derecho a pensar en ti lo primero. Si tú no te ocupas de tus necesidades, ¿quién se va a ocupar? Sabrás que verdaderamente aceptas respetar tus necesidades cuando los demás te admiren por ello, en lugar de acusarte de ser egoísta o egocéntrico. Si te critican o te juzgan así, puedes estar seguro de que no te aceptas. Entonces, agradéceles que te critiquen. Diles que sus críticas te permiten tomar conciencia de lo que aún te falta para aceptarte completamente. Verás cómo enseguida estarás más atento a las críticas que viertes sobre ti mismo.

Para la gente como tú y como yo, que buscamos siempre mejorar nuestra calidad de vida y que ponemos todos los medios posibles en hacernos más conscientes, hay un terreno en el que es más difícil poner en práctica la noción de amor verdadero, la aceptación incondicional: el terreno espiritual. A menudo las personas me dicen que no comprenden cómo los empleados de Escucha a tu Cuerpo podemos ponernos alguna vez enfermos, con todo lo que sabemos y lo que enseñamos. Este sentimiento también lo tienen los docentes en este terreno. Me viene a la mente, por ejemplo, Daniel Kemp —creador en Quebec de la teoría del niño teflón—, muerto por un cáncer de colon. La mayoría de la gente no puede aceptar que él, un ser tan evolucionado, que llevaba enseñando desde los dieciocho, haya llegado a eso.

Es importante que aceptemos que somos seres que tienen que aprender lecciones de vida. ¿Cómo te sentirías si te enteraras de que voy a morir de una enfermedad cualquiera? ¿Cuál sería tu primera reacción? Las respuestas a estas preguntas te indicarán tu grado de aceptación. **Uno se acepta en la misma medida en que acepta a los demás.** No bajes la guardia. No por ser más espiritual vas a verte libre de caer enfermo. La finalidad de aprender a encontrar la causa de una enfermedad o de un malestar no consiste en que no te pase, sino más bien en aprender en todo momento de uno mismo. Tuve la dicha de pasar buenos ratos con Daniel Kemp antes de que falleciera y sé que gracias a su enfermedad pudo transitar por un proceso de perdón y de aceptación en su vida. Eso es lo importante. Lo que él cumplió en esta vida seguramente le será muy útil cuando vuelva a la Tierra y habrá hecho que su paso por el mundo del alma haya sido más agradable.

La manera de vivir el gran amor contigo mismo —por lo tanto, también con los demás— es, por excelencia, dejar que la inteligencia guíe tu vida. ¿Qué es una persona inteligente? Es la que es consciente de la ley de causa-efecto, la que es consciente de las consecuencias de sus decisiones y la que se pregunta antes de actuar o de hablar si lo que se presta a hacer es inteligente para ella y para su entorno. Un criterio importante de la inteligencia es la utilidad. Por tanto, al preguntarnos si lo que queremos tener, hacer, decir o ser es útil, aprendemos a vivir con inteligencia.

Estos son algunos ejemplos de inteligencia:

➤ Comprometerse incluso si los demás no quieren es inteligente, pues eso marca un rumbo para nuestra vida y no molesta de ninguna manera a las decisiones de los demás.

➤ Halagar y ver las cualidades de los demás antes que sus defectos es inteligente, ya que eso será lo que recogeremos de ellos.

➤ Permitirnos ser felices incluso si nuestros familiares no lo son es inteligente. Reprimirnos no los hará más felices, solo añadiríamos un desgraciado más.

➤ Ocuparnos de nuestros asuntos es inteligente, puesto que así los demás van a dejar que vivamos nuestra vida. Preocuparnos de los asuntos de los demás nos asegura que ellos vayan también a querer inmiscuirse en nuestra vida.

➤ Comer de una manera natural es inteligente, pues nuestro cuerpo resultará beneficiado.

➤ Comer cuando tenemos hambre es inteligente, ya que lo contrario hará que nuestro cuerpo trabaje más, privándonos así de nuestra energía.

> ➤ Dar las gracias a nuestro cuerpo tantas veces como podamos es inteligente, porque, al sentirnos apreciados, querrá ayudarnos y será nuestro apoyo.

> ➤ Reducir la contaminación de nuestro planeta es inteligente, pues nos beneficiaremos de un medioambiente más sano.

> ➤ Descansar y divertirse regularmente es inteligente, ya que así nuestro cuerpo se regenera y guarda una energía estable.

> ➤ Arreglárselas para vivir en la abundancia es inteligente, pues podemos así dar a los demás en lugar de depender de ellos.

> ➤ Comprar solo objetos útiles es inteligente, así ayudamos a reducir el consumo excesivo y la basura en nuestro planeta.

> ➤ Permitirse vivir numerosas experiencias, tanto positivas como negativas, es inteligente, pues eso nos permite poner orden en nuestra vida y hacernos conscientes de aquello que realmente necesitamos.

Me gustaría cerrar el asunto de la importancia capital de aceptar a los demás y aceptarse para vivir en un amor incondicional respondiendo a la pregunta siguiente, que me he hecho regularmente: ¿cómo saber con total seguridad que uno se ha aceptado por completo?

Para empezar, debemos recordar que, antes de llegar a ser capaces de aceptar cualquier cosa, hemos de ser conscientes de nuestra no aceptación. Estas son algunas etapas de la evolución de la conciencia:

1. Somos conscientes de tener una creencia que nos impide estar bien.
2. No nos permitimos estar así, porque nos sentimos mal. Nos controlamos para evitar sentirnos culpables o nos identificamos con lo que nuestra creencia dice que no está bien, sin ser conscientes de tal cosa.
3. Nos hacemos conscientes de que somos lo que no queremos ser, pero nos amamos así.
4. Decidimos atrevernos a ser lo que queremos ser, pero no nos sentimos culpables por eso, pues no nos permitimos ser diferentes a los demás.
5. Nos damos el derecho de ser lo que no queremos ser, aceptándonos, porque sabemos que es el miedo a ser heridos lo que hace que actuemos de ese modo.
6. Finalmente somos lo que queremos ser cada vez más a menudo sin sentir miedo.

Tomemos el ejemplo de Mario. Creía que mentir no estaba bien. Se hizo consciente de que él mismo era un mentiroso al darse cuenta de que estaba rodeado de mentirosos —según él—, entre ellos Anna, su hijo y su nuera. Después de esta reflexión, recordó las numerosas veces que acusó a su padre y a su madre de ser mentirosos. Tuvo que pasar por la fase en la que era muy difícil admitir hasta qué punto había sido consciente, y la fase en la que se dio poco a poco cuenta de que mentía a menudo. Se sentía mal por mentir de esa manera. Paulatinamente fue capaz de mirar al miedo que se escondía dentro de él cada vez que mentía. Llegó a permitirse tener miedo y utilizar la mentira para ocultar su miedo. Solo de ese modo consiguió darse cuenta de que, mintiendo, se creaba otro miedo y que lo que de verdad quería era decir la verdad, y que eso le aportaría paz interior.

No nos estamos aceptando cuando nos rendimos en la última etapa. Además, nos encontramos bien tanto en los aspectos positivos como en los negativos en una misma actitud. Sabemos que es imposible que vivamos únicamente un aspecto de cada estado del ser. Por ejemplo, es imposible ser siempre paciente, rápido, comprensivo, enérgico, estar de buen humor, disponible... En la aceptación total sabemos que a veces hay circunstancias en las que vamos a vivir el lado negativo, aunque prefiramos vivir el positivo. Lo vamos a vivir sintiendo compasión por nosotros, por nuestros límites, por nuestras capacidades en ese momento. Poco a poco, llegamos a ser lo que queremos cada vez con más frecuencia.

Algunas personas me preguntan cómo es que antes vivían en la aceptación de lo que eran y ahora no lo consiguen. Por ejemplo, conozco a alguien que, hoy, se siente mal por no poder decidir nada espontáneamente. Me dice que antes tomaba decisiones tan rápidas que podía «zambullirse en la piscina sin comprobar si había agua». Le pregunté si creía sinceramente que su espontaneidad de antaño era más beneficiosa para ella. «Sabes que saltar a una piscina sin agua puede ser peligroso, ¿verdad». Me respondió que no era más que una manera de hablar, que ella nunca había hecho tal cosa.

Si ves que tienes un comportamiento contrario a lo que te gustaba en el pasado, es señal de que no aceptabas lo que eras entonces. Por lo tanto, has terminado por adoptar el comportamiento contrario, que ya has aceptado. En el ejemplo citado antes, esta persona se aceptará verdaderamente cuando se permita ser a veces espontánea, a veces reflexiva, según las circunstancias.

Otra manera de saber que hemos aceptado una experiencia es ver si estaríamos dispuestos a volverla a vivir, si tuviéramos que recomenzar nuestra vida por todo lo que nos ha enseñado.

En conclusión, recuerda que estás en este planeta para ti y para nadie más. Todas las personas con las que te encuentras, incluyendo a tus familiares, están en tu vida para que aprendas a reconocerte a través de ellas. Son todas como alarmas para recordarte lo que debes aceptar de ti mismo. Son también un excelente medio para ayudarte a hacerte consciente de todo lo que no aceptas de ti.

Tenemos todos la misma misión: tomar conciencia de que somos la expresión de la perfección divina. Ser DIOS no significa convertirnos en el ser perfecto que nuestro ego ha inventado. Ser DIOS significa sencillamente SER. Todos estamos aquí para vivir, en la aceptación, toda clase de experiencias de SER, aprendiendo poco a poco cuáles son inteligentes para nosotros. Tendremos que volver a este planeta las veces que sean necesarias hasta que lleguemos a aceptar todos los estados del SER negativos y positivos que es posible vivir en la Tierra.

En realidad, nuestra misión es muy simple. Por desgracia, nos hemos creado un ego tal que la hemos complicado y retrasado mucho.

¡Qué suerte la de tener, en la actualidad, en nuestro planeta una apertura tal que podemos ser conscientes de nuestra única razón de existir! Tengo muchas esperanzas de que, de aquí a veinte años, asistamos a un gran cambio para todos nosotros. Siento alegría al comprobar de un año a otro estos cambios en varios países. Esto es alentador.

Lo único que puedo hacer es animarte a que sigas queriendo mejorar tu calidad de vida. Gracias a millones de personas como tú llegaremos a ese país planetario al que aspiramos. Cada uno de nosotros solo tiene que vivir cada vez más en paz consigo mismo. La conciencia colectiva de la paz se instaurará sobre nuestro planeta.

ETAPAS PARA RECONCILIARSE CON ALGUIEN Y PERDONARSE A UNO MISMO

1) EMOCIÓN/ACUSACIÓN

¿Has acusado a otra persona de algo o la has juzgado? ¿Cómo te has sentido en esa situación?

2) RESPONSABILIDAD

¿De qué tenías miedo? ¿Esperabas algo de esta situación? Tómate el tiempo que necesites para aceptar que tus expectativas fueron la causa de lo que viviste.

3) RECONCILIACIÓN

Colócate en la piel de la otra persona y date cuenta de que ha sentido lo mismo que tú porque ha tenido el mismo miedo que tú. Encuentra en qué momento esa persona pudo acusarte de lo mismo, sea en esa situación o en otra.

4) PERDÓN A UNO MISMO (la etapa más importante)

Sé compasivo con la parte de ti que ha acusado al otro y que ha actuado como el otro por culpa de tus miedos, ocasionados por una herida no curada.

5) DESEO DE COMUNICAR

Para comprobar si has pasado por las etapas de reconciliación y de perdón, observa cómo te sientes al verte hablando a la otra persona de las tres primeras etapas. (Si sientes dudas o tienes miedo de expresarte, es señal de que aún no has superado la etapa 2 o la 3).

6) ENCONTRARTE CON ESA PERSONA

Háblale de lo que has vivido y pregúntale si te ha acusado de lo mismo en esa situación o en otra. Pregúntale también si tenía los mismos miedos que tú.

7) RELACIÓN CON UN PROGENITOR

Comprueba en qué circunstancias has vivido lo mismo (sentimientos, miedos y acusaciones) con el progenitor del mismo sexo que la persona con la que has vivido esas emociones. Es aconsejable volver a pasar por las mismas etapas con ese progenitor. (Si ha fallecido, esas etapas pueden hacerse visualizándolo en una meditación).

Las enseñanzas impartidas en el taller SÉ TÚ MISMO son prácticas y dinámicas, y pueden ayudar a quienes realmente deseen mejorar su calidad de vida. Esta oportunidad única te brinda una sólida base para lograr todo lo que anhelas.

Los talleres se imparten en Canadá y se dividen en dos días. Puedes optar por participar en una o en ambas sesiones.

Día 1   **SÉ TU AUTÉNTICO TÚ MISMO**
Dejando ir lo que crees que deberías ser

Ven a conocer cuáles son tus necesidades actuales y cómo satisfacerlas para sentirte bien y ser feliz. En un recorrido paso a paso, explorarás una serie de herramientas concretas. Un recorrido que incluye el paso más importante: descubrir cuánto te amas realmente.

Entre otras cosas, aprenderás cómo…

- identificar los miedos y creencias que están bloqueando tu felicidad;
- descubrir qué es lo que te impide ser quien quieres ser;
- lidiar con la insatisfacción y alcanzar la serenidad;
- usar las herramientas sencillas y necesarias que te ayudan a estar en armonía contigo mismo.

**¡Atrévete a dar el primer paso y
ven a aprender a ser tú mismo!**

Día 2   **SÉ TÚ MISMO CON LOS DEMÁS**
Mejorando tu manera de relacionarte

Ven a descubrir por qué tus relaciones y las situaciones que se te presentan no siempre son como te gustaría que fueran. Experimenta y descubre, paso a paso, lo que necesitas –y está a tu alcance– para establecer relaciones saludables y alcanzar un estado de bienestar con los demás.

Entre otras cosas, aprenderás…

- el significado real de la responsabilidad, que te libera de los sentimientos de culpa;
- la importancia de establecer acuerdos, pero también de permitirte a ti mismo cambiar de opinión;
- cómo identificar la fuente y el origen de las emociones que dañan tus relaciones y cómo lidiar con ellas;
- dos métodos comprobados para mejorar tus relaciones.

**¡Utiliza las relaciones difíciles como trampolín
hacia tu bienestar interior!**

**Durante treinta años, miles de personas han decidido transformar sus vidas con la ayuda de nuestras herramientas.
¡Hoy tú también puedes empezar y ser tú mismo!**

VISITA NUESTRA WEBSITE O LLÁMANOS

**1-888-437-8382 o 450-431-5336
www.listentoyourbody.net**

ESCUCHA A TU CUERPO
Aprende a ser feliz